U0461495

马来西亚
知识产权法

重庆知识产权保护协同创新中心
西南政法大学知识产权研究中心 ◎组织翻译

牟　萍◎译

易健雄◎校

知识产权出版社
全国百佳图书出版单位
—北京—

图书在版编目（CIP）数据

马来西亚知识产权法/重庆知识产权保护协同创新中心，西南政法大学知识产权研究中心组织翻译；牟萍译.—北京：知识产权出版社，2025.2.—（"一带一路"国家知识产权法译丛）.—ISBN 978 - 7 - 5130 - 9599 - 0

Ⅰ.D933.834

中国国家版本馆 CIP 数据核字第 2024HK1297 号

内容提要

本书收录了马来西亚的版权法、专利法和商标法的中文译本，详细介绍了马来西亚在知识产权保护方面的法律框架和实施细节。本书不仅可以帮助学者、法律从业者和企业管理者理解和掌握马来西亚知识产权保护的具体措施和政策，而且有助于他们研究和处理在马来西亚的法律事务和商业运营。本书可作为知识产权领域从业人员、高校法学院师生的工具书。

责任编辑：王瑞璞　章鹿野　　　　**责任校对：**王　岩
封面设计：杨杨工作室·张　冀　　　**责任印制：**刘译文

马来西亚知识产权法

重庆知识产权保护协同创新中心
西南政法大学知识产权研究中心　　　组织翻译
牟　萍　译
易健雄　校

出版发行：知识产权出版社 有限责任公司	网　　址：http://www.ipph.cn
社　　址：北京市海淀区气象路 50 号院	邮　　编：100081
责编电话：010 - 82000860 转 8338	责编邮箱：zhluye@163.com
发行电话：010 - 82000860 转 8101/8102	发行传真：010 - 82000893/82005070/82000270
印　　刷：三河市国英印务有限公司	经　　销：新华书店、各大网上书店及相关专业书店
开　　本：720mm×1000mm　1/16	印　　张：14.5
版　　次：2025 年 2 月第 1 版	印　　次：2025 年 2 月第 1 次印刷
字　　数：248 千字	定　　价：98.00 元

ISBN 978 - 7 - 5130 - 9599 - 0

序　言

　　自我国于 2013 年提出"一带一路"倡议以来，我国已与多个国家和国际组织签署了 200 多份合作文件。"一带一路"倡议的核心理念已被纳入联合国、二十国集团、亚太经济合作组织、上海合作组织等诸多重要国际机制的成果文件中，成为凝聚国际合作共识、持续共同发展的重要思想。国际社会业已形成共建"一带一路"的良好氛围，我国也在基础设施互联互通、经贸领域投资合作、金融服务、人文交流等各项"一带一路"建设方面取得显著成效。国家也号召社会各界对加入"一带一路"建设的各个国家和国际组织的基本状况、风土人情、法律制度等多加介绍，以便相关人士更好地了解这些国家和国际组织，为相关投资、合作等提供参考。

　　基于此背景，重庆知识产权保护协同创新中心与西南政法大学知识产权研究中心（以下简称"两个中心"）响应国家号召，结合自身的专业特长，于 2017 年 7 月启动了"一带一路"国家知识产权法律的翻译计划。该计划拟分期分批译介"一带一路"国家的专利法、商标法、著作权法等各项知识产权法律制度，且不做"锦上添花"之举，只行"雪中送炭"之事，即根据与中国的经贸往来、人文交流的密切程度，优先译介尚未被翻译成中文出版的"一带一路"国家的知识产权法律制度，以填补国内此类译作的空白。确定翻译方向后，两个中心即选取了马来西亚、斯里兰卡、巴基斯坦、哈萨克斯坦、以色列、希腊、匈牙利、罗马尼亚、捷克、澳大利亚等十国的专利法、商标法、著作权法作为翻译对象。第一期的专利法、第二期的商标法、第三期的著作权法翻译工作已经完成，并先后于 2018 年 10 月、2021 年 7 月、2023 年 7 月各出版两辑。六辑译作出版后，得到了良好的社会评价，《中国知识产权

报》在 2022 年 1 月 14 日第 11 版和 2023 年 8 月 18 日第 11 版分别对该译作作了专题报道。

2018 年 10 月至今，十国知识产权法多有修订之处，同时为了方便读者集中查询一国专利、商标、著作权等知识产权法律规定，两个中心随即以前三期翻译工作为基础，启动了第四期以国别为单位的翻译工作，并确定由各国专利法、商标法、著作权法的原译者分别负责该国知识产权法律的译介工作，包括根据相关法律最新修订文本重新翻译、对该国的知识产权法律状况作一整体的勾勒与评价等。该项工作历经前期整理、初译、校对、审稿、最终统校等多道程序后，终于完成，以国别为单位分成十本图书出版，"国名 + 知识产权法"即为书名。

众所周知，法条翻译并非易事。尽管译校者沥尽心血，力求在准确把握原意基础之上，以符合汉语表达习惯的方式表述出来，但囿于能力、时间等各方面因素，最终的译文恐仍难完全令人满意，错漏之处在所难免。在此恳请读者、专家批评指正。无论如何，必须向参与此次译丛工作的师生表示衷心的感谢。按国别对译者记录如下：牟萍（马来西亚），王广震（斯里兰卡），马海生（巴基斯坦），田晓玲、陈岚、费悦华（哈萨克斯坦），康添雄（以色列），廖志刚、廖灵运（希腊），秦洁、肖柏杨、刘天松、李宇航（匈牙利），郑重、陈嘉良、黄安娜（罗马尼亚），张惠彬、刘诗蕾（捷克），曹伟（澳大利亚）。此外，易健雄老师承担了此次翻译的主要组织工作，并为译稿作了最后的审校。最后，感谢知识产权出版社的大力支持，使译稿得以出版。

2024 年是共建"一带一路"奔向下一个金色十年的开局之年。唯愿这四期"一带一路"国家知识产权法律翻译工作能为"一带一路"的建设稍尽绵薄之力，在中国式现代化建设中实现两个中心的专业价值。

重庆知识产权保护协同创新中心
西南政法大学知识产权研究中心
2024 年 11 月 26 日

前　　言

马来西亚与我国有着深厚的历史渊源，已成为我国"一带一路"建设的重要国家之一。2024 年，是我国与马来西亚正式建交 50 周年，翻译完成《马来西亚知识产权法》，也算恰逢其时。

马来西亚自 1936 年就开始致力于知识产权立法。由于知识产权法是国际一体化程度最高的部门法之一，每一种知识产权类型至少有一个对应的国际条约，马来西亚在积极投入全球化的过程中，也将知识产权国际条约予以国内法化。因此翻译马来西亚知识产权法，对我而言，既陌生，又熟悉。

马来西亚有着完备的知识产权法律体系，不能对其中的每部法律一一翻译，故本书重点选择版权法、专利法和商标法予以翻译。

马来西亚版权法最早可追溯至 1936 年的版权条例。1987 年版权法系马来西亚自主探索版权立法的结晶，其后经过多次修订，最新一次修订是在 2022 年。在此次修订中，马来西亚回应了《关于盲人、视力障碍者或其他印刷品阅读障碍者获得已出版作品提供便利的马拉喀什条约》，契合了《区域全面经济伙伴关系协定》的需求，并针对数字化时代的特点进行了修订。

马来西亚于 1983 年制定专利法，开启其现代专利保护的篇章。其后，根据加入的相应专利方面的国际条约，以及根据马来西亚国内科技创新、经济发展、专利保护理念的变化，进行了数次修订。最新一次修订是在 2022 年。这次修订主要为了满足《区域全面经济伙伴关系协定》《国际承认用于专利程序的微生物保存布达佩斯条约》等国际条约的要求。

马来西亚商标法最早可追溯至 1950 年，之后对该法进行了多次修订，最新一次修订是在 2019 年。与该修订相呼应，2019 年，马来西亚正式成为《商

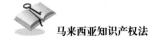

标国际注册马德里协定有关议定书》的成员国。

　　此次翻译，对译者而言，是一次很好的重新学习的体验。尽管已经有前期在《"一带一路"国家知识产权法律译丛》（第二辑、第四辑和第六辑）中的翻译基础，但马来西亚专利法、版权法均做了大量的修订。每一个术语如何推敲才能准确，每一条法条如何表达才能通顺，都是有难度的。最终能够译完成书，离不开重庆知识产权保护协同创新中心、西南政法大学知识产权研究中心的大力支持；离不开我的学生张梦瑶、唐涛、郭泰的重要协助；离不开知识产权出版社各位编辑的辛勤付出，在此一并感谢！

　　世界很大，知识产权事业很精彩。译一国之知识产权法只是淡淡一笔，相信有更浓墨重彩的未来值得期待。共勉之！

牟　萍

2024 年 12 月于重庆

译者简介

　　牟萍，法学博士，西南政法大学副教授，硕士生导师。国家知识产权专家库专家，全国百千万知识产权人才工程"百名高层次人才"，知识产权鉴定人。出版专著三部，分别是《植物品种权研究》《专利情报检索与分析》《数据资产运营中的法律问题研究》，其中《专利情报检索与分析》入选国家知识产权局指定培训教材。另有编著和译著多部，在核心期刊发表学术论文近20篇。主持国家社会科学基金项目、教育部课题以及其他省部级课题的科研项目，另作为主要研究者参与多个科研项目。

出版说明

　　重庆知识产权保护协同创新中心和西南政法大学知识产权研究中心于2017年组织开展了"一带一路"建设主要国家知识产权法律法规的翻译工作，形成了这套"'一带一路'国家知识产权法译丛"，凝聚了两个中心众多专家学者的智慧和心血。

　　本套丛书采用国家分类的编排方式，精选"一带一路"建设主要国家最新的知识产权法律法规进行翻译，包括著作权法、专利法、商标法等，旨在为中国企业、法律工作者、研究人员等提供权威、准确的法律参考，助力"一带一路"建设。然而，由于各国法律体系、文化背景、语言习惯上的差异，其知识产权法律法规的翻译工作也面临着诸多挑战，例如有些国家法律文件的序号不够连贯。有鉴于此，在本套丛书翻译和编辑出版过程中，对遇到的疑难问题、文化差异等，会进行必要的注释说明，帮助读者更好地理解原文。本套丛书翻译过程中始终坚持以下原则。

　　第一，以忠实原文为第一要义，力求准确传达原文含义，避免主观臆断和随意增减。在翻译过程中，各位译者参考了大量权威法律词典、专业文献和案例，确保术语准确、表述规范。

　　第二，充分尊重各国法律体系和文化背景的差异，在忠实原文的基础上，尽量保留原文的语言风格和表达方式。

　　第三，在保证准确性的前提下，力求译文通顺流畅、易于理解，方便读者阅读和使用。

　　真诚期待各位读者对本套丛书提出宝贵意见。

目 录 *

版权法

专利法

---

* 此目录由本书收录的法律文件正文提取，序号遵从原文，仅便于读者查阅。——编辑注

商标法

版权法

版权法[*]

（2022 年 2 月 10 日修订实施）

本法旨在对与版权有关的法律作出更好的规定，并对相关的其他事项作出规定。

由马来西亚最高元首根据国会上议院和下议院建议经其同意并根据其授权制定如下条款。

第 1 章　序　言^{**}

第 1 条　简称、适用和生效日期

（1）本法可引称为 2022 年版权法（修正）。

（2）本法自部长在公报上通知指定的日期起生效，并且部长可为本法不同条款指定不同的生效日期。

第 2 条　适用范围

（1）在不违反本条和第 59A 条以及根据第 59A 条制定的条例的情况下，本法适用于本法生效前所创作的作品，如同其适用于本法生效后创作的作品一样；

但本条不得恢复本法生效前已过保护期的版权。

（2）仅根据第（1）款规定在本法生效前创作的作品可获得版权保护的，在本法生效前任何所作的行为不视为构成对该版权的侵犯。

（3）本条适用于在生效前已完成的作品。在本法生效后完成的作品不得被视为在本法生效前已经完成。

---

　* 马来西亚版权法系 1987 年颁布，后经多次修订。本译文根据马来西亚知识产权局官网公布的马来西亚版权法英语版本翻译。本次翻译以 2012 年修订的马来西亚版权法为基础，并补充和替换了 2020 年和 2022 年修正后予以废除、修改和新增的条文。——译者注

　** 本书各法律文本的层级的序号排列均遵从原文，未作修改。——译者注

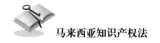

第 3 条 解 释

在本法中，除非文义另有要求：

无障碍格式副本，指以替代方式或形式提供给阅读障碍者，使其能够获取作品的作品副本，包括使阅读障碍者能够与无阅读障碍者一样尽可能舒适地获取作品，供其专用。

改编，包括下列任何一项：

（a）就文学作品而言，指将该作品转换为戏剧作品的版本（无论是其原语言还是其他语言）；

（b）就戏剧作品而言，指将该作品转换为文学作品的版本（不论是以源语言还是其他语言）；

（c）就文学作品或戏剧作品而言：

（ⅰ）翻译作品；

（ⅱ）作品的版本，其中的故事或情节完全或主要通过在图书或报纸、杂志或类似杂志中可复制的图片形式来表达；

（d）就计算机程序形式的文学作品而言，该作品的版本，无论是否采用该作品最初表达的语言、代码或符号，并非该作品的复制品；

（e）就音乐作品而言，对该作品的编排或转录；

（f）就文学或艺术作品而言，该作品的版本（不论是源语言或其他语言）被转换成电影。

指定日期，具有 2002 年马来西亚知识产权局法（第 617 号法律）规定的含义。

艺术作品，指：

（a）图形作品、照片、雕塑或拼贴画，不论其艺术品质高低；

（b）作为建筑物或建筑物模型的建筑作品；或

（c）艺术工艺品；

但不包括 2000 年集成电路布图设计法（第 601 号法律）所指的布图设计。

助理局长，指根据第 5 条第（2）款或第（3）款获委任或被视为获委任为助理局长的人。

作者：

（a）就文学作品而言，指作家或者作品的创作者；

（b）就音乐作品而言，指作曲家；

（c）就照片以外的艺术作品而言，指艺术家；

（d）就照片而言，指负责安排拍摄照片的人；

（e）就电影或录音而言，是指负责安排制作电影或录音的人；

（f）就从任何国家内传播的广播而言，指：

（i）负责选择节目的内容且传播节目的人；或

（ii）提供该节目并与传送该节目的人作出传送该节目所需的安排的人；

（g）就任何其他情况而言，指作品的创作者。

被授权人，指经部长依据第13条第（2C）款规定批准的主体。

广播，指以有线或无线方式传送视觉图像、声音或其他信息，而该等信息：

（a）能够被公众合法接收；或

（b）传送以供向公众人士出示；

并包括在广播服务向公众提供解码方法或获得其同意的情况下，传送编码信号。

广播服务，指马来西亚任何地区在政府的一般指导、控制或许可下经营的任何无线电广播或电视广播服务。

建筑物，包括任何固定构筑物以及建筑物或固定构筑物的一部分。

公民，包括如在相关日期在世就有资格根据马来西亚联邦宪法取得公民资格的人。

集体管理组织，指根据第27A条被宣布为集体管理组织的法人团体。

向公众传播，指通过有线或无线方式向公众传播作品或表演，包括向公众提供作品或表演，使公众能够在其个人选择的地点和时间获得作品或表演。

计算机程序，指以任何语言、代码或符号表达的指令（不论有无相关信息），目的在于使具有信息处理能力的装置直接或在下列任何一种或两种情形内执行特定功能：

（a）转换成另一语言、代码或符号；

（b）复制在不同物质载体上。

局长，指根据第5条第（1）款任命的版权局局长。

复制品，指以书面形式、录音或电影形式或任何其他物质形式复制的作品。

版权，指本法规定的版权。

知识产权局，指根据2002年马来西亚知识产权局法成立的马来西亚知识产权局。

副版权局局长，指根据第5条第（2）款或第（3）款获委任或被视为获委任为副版权局局长。

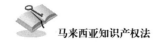

衍生作品，指第8条第（1）款（a）项和（b）项所述作品。

教育机构，具有1961年教育法（第550号法律）规定的含义。

电影，指将一系列视觉图像固定在任何种类的材料上，不论是否半透明，以便能够在有或没有任何手段的帮助下使用该材料：

（a）作为活动画面放映；或

（b）记录在其他材料上，不论是否半透明，而利用该材料可使该材料如此显示；

并包括与电影相关的任何配乐中体现的声音。

固定，指声音、图像或两者的体现，或其表现形式，以一种足够永久或稳定的物质形式，使其能够通过装置在一定时间内被感知、再现或以其他方式传达。

未来版权，指在未来的任何作品或作品类别或其他客体，或在本法任何条款生效时或在任何未来的事件中将产生或可能产生的版权。

政府，指马来西亚政府或任何州政府。

图形作品，包括：

（a）任何绘画、绘图、图解、地图、图表或平面图；和

（b）任何雕刻、蚀刻、平版印刷、木刻或类似作品。

侵权复制品：

（a）就版权而言，指根据本法获得版权保护的作品的任何复制品，该复制品的制作侵犯该作品版权，或未经版权人同意而被进口到马来西亚的任何未经版权人同意制作的复制品；

（b）就表演者的权利而言，指对表演记录的任何复制行为，而其制作侵犯表演者权利，或未经表演者同意而被进口到马来西亚的任何未经表演者同意的录制品。

许可，指合法授予的书面许可，允许进行受版权调整的行为。

许可安排，指一项安排（包括具有安排性质的任何事项，无论其被描述为安排还是收费标准或任何其他名称），其规定：

（a）该安排的执行人或其所代表的人愿意授予版权许可的情况类别；和

（b）在该等情况类别中授予许可的条款。

文学作品，包括：

（a）小说、故事、图书、小册子、手稿、诗歌作品和其他著作；

（b）话剧、戏剧、舞台指导、电影情节、广播剧本、舞蹈作品和哑剧；

（c）论文、历史、传记、散文和文章；

（d）百科全书、词典和其他参考图书；

（e）信件、报告及备忘录；

（f）讲座、演讲、布道及其他性质相同的作品；

（g）表格或汇编，不论是否以文字、数字或符号表达，也不论是否以可见形式表达；和

（h）计算机程序；

但不包括政府、法定机构的立法或行政性质的官方文本、司法裁判、政治演说和政治辩论，以及在法律程序过程中发表的演说及其正式译文。

表演：

（a）包括：

（i）戏剧作品或部分戏剧作品的表演，包括使用木偶的表演或即兴戏剧作品的表演；

（ii）音乐作品或部分音乐作品的表演，或即兴音乐作品的表演；

（iii）阅读、朗诵或陈述全部或部分文学作品，或阅读、朗诵或陈述即兴文学作品；

（iv）舞蹈表演；

（v）马戏表演、综艺表演或任何类似的演出或表演；或

（vi）与民俗表达有关的表演，由一人或多人在马来西亚现场作出，不论是否有观众在场；

（b）但不包括：

（i）阅读、朗诵或陈述任何新闻或资讯；

（ii）任何体育活动；或

（iii）观众参与表演。

手稿，就作品而言，指体现作品的原始载体，无论是否手写。

物质形式，就作品或衍生作品而言，包括任何形式（不论是否可见）的存储，以便从中复制全部或实质部分的作品或衍生作品。

部长，指负责知识产权事务的部长。

音乐作品，指任何音乐作品，包括为音乐伴奏而作曲的作品。

表演者，指演员、歌手、音乐家、舞蹈家或任何表演、演唱、陈述、朗诵、演出、翻译或以其他方式表演的人。

表演者权，指表演者根据本法享有的权利。

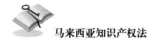

阅读障碍者，指根据 2008 年残疾人法（第 685 号法律）登记为残疾人的人，他们是：

（a）盲人；

（b）视力受损或有感知或阅读障碍，且无法通过改善使其视觉功能基本等同于无此种缺陷或残疾的人，并因此种缺陷或残疾而无法在阅读印刷作品方面达到与无此种缺陷或残疾的人基本相同的程度；或

（c）由于身体残疾，无法握持或翻动书本，或无法集中注意力或移动眼睛，以达到通常可以阅读的程度。

照片，指在任何介质上产生图像或可通过任何方法产生图像的光或其他辐射的记录，而该记录不是电影的一部分。

处所，指由任何人固定或以其他方式设立或设置的任何地方，不论该地方是否封闭，亦包括车辆、飞机、船舶及任何其他船只。

符合资格的人：

（a）就个人而言，指马来西亚公民或永久居民；和

（b）就法人团体而言，指在马来西亚设立并根据马来西亚法律组成或被赋予法人资格的法人团体。

转播，指一个广播机构同时或随后广播另一广播机构的广播，无论该广播机构位于马来西亚国内还是国外，并包括通过有线传播该广播；进行转播的，应作相应解释。

录制，指录音或录像，但根据第 16A 条第（3）款录制的录音制品除外。

有关日期，指在马来西亚的独立日和沙巴、沙捞越 2 个州及纳闽直辖区的马来西亚日。

复制，指以任何形式或版本制作一份或多份作品的复制品，且就艺术作品而言，包括复制二维作品的三维复制品以及复制三维作品的二维复制品；进行复制的，应作相应解释。

雕塑，包括为雕塑目的而制作的铸件或模型。

录音制品，指对一系列声音的固定或对能够被听觉感知和以任何方式再现的声音的固定，但不包括与电影有关的配乐。

技术保护措施，指在正常运行过程中有效防止或限制侵犯作品版权的行为的任何技术、设备或组件。

法庭，指根据第 28 条成立的版权法庭。

合作作品，指由 2 个或 2 个以上作者合作完成的作品，其中每个作者的

贡献与另一个或多个作者的贡献不可分割。

第4条　出　　版

（1）除本条另有规定外，就本法而言：

（a）文学、音乐或艺术作品，或这类作品的版本，只有在作者或经作者合法授权的人同意，以足以满足公众合理需要的方式销售或以其他方式提供作品的一份或多份复制品时，才应被视为已出版；

（b）只有当电影的一份或多份复制品经作者或作者合法授权人的同意，以足以满足公众合理需要的方式销售、出租、为销售或出租而提供或展示时，才应被视为已出版；

（c）只有在经作者或作者合法授权人的同意，以足以满足公众合理需要的方式提供该录音的一份或多份复制品时，才应被视为已出版；且

（d）只有经表演者同意，以足以满足公众合理需要的方式提供固定表演的一份或多份复制品时，才应被视为已出版。

（2）就本法而言，文学或音乐作品的表演和艺术作品的展览不构成该作品的出版。

（3）就本法而言，有下列情形的，该出版被视为在马来西亚首次出版：

（a）作品或演出首先在马来西亚出版，而非在其他地方出版；或

（b）作品或表演首先在其他地方出版，但在于其他地方出版后30日内在马来西亚出版。

（4）在第一种情况下只出版了作品或表演的一部分的，该部分就本法而言应被作为单独的作品或表演（视情况而定）处理。

第5条　局长、副局长和助理局长

（1）知识产权局局长为版权局局长。

（2）部长可以根据其决定的条款和条件，从任何公职人员和知识产权局雇用的人员中任命必要数量的副局长、助理局长和其他官员，并可以撤销任何被任命或被认为是根据第（3）款被任命的人员的任命。

（3）在指定日期之前根据本法担任副局长、助理局长和其他官员的人，在指定日期应被视为已根据第（2）款被指定为副局长、助理局长和其他官员。

（4）在局长的指导和控制下，遵守局长可能规定的条件，以及在第41A

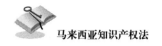

条的限制下，副局长或助理局长可根据本法行使局长的任何职能。本法指定或授权或要求由局长作出或签署的任何事项，可由副局长或助理局长作出或签署，副局长或助理局长的行为或签署与由局长作出或签署产生同样的效果。

（5）局长或副局长可履行本法规定的所有职责并行使本法赋予助理局长的所有权力。

第2章　一般规定

第6条　除根据本法外不得享有版权
除本法另有规定外，不得根据其他法律享有任何版权。

第7条　享有版权的作品
（1）在符合本条规定的情况下，下列作品享有版权：

（a）文学作品；

（b）音乐作品；

（c）艺术作品；

（d）电影；

（e）录音；和

（f）广播。

（2）不论作品的质量和创作目的如何，均应受到保护。

（2A）版权保护不得被延伸至任何思想、程序、操作方法或数学概念本身。

（3）符合下列条件的文学、音乐或艺术作品可以获得版权：

（a）已作出足够努力，使该作品具有独创性；且

（b）该作品已被写下来、记录下来或以其他方式记录在物质载体上。

（4）任何作品不得仅因创作该作品或就该作品作出的任何作为涉及侵犯其他作品的版权而不符合授予版权资格。

（5）根据本法，根据任何有关工业外观设计的成文法注册的任何外观设计均不享有版权。

（6）根据第1420号法律废除。

（7）就本条而言，任何与工业设计有关的成文法包括：

（a）1949年英国外观设计（保护）法（第214号法律）；

（b）沙巴州的英国外观设计（保护）条例（沙巴第152条）；和

（c）沙捞越州的（英国）外观设计条例（沙捞越第59条）。

第8条　衍生作品

（1）下列衍生作品作为原创作品受到保护：

（a）对符合版权保护条件作品的翻译、改编、编排和其他演绎形式；和

（b）获得版权保护的作品集，或无论是机器可读的还是其他形式数据的汇编，由于对其内容的选择和安排构成智力创作。

（2）对第（1）款中作品的保护应不影响对所使用的现有作品的任何保护。

第9条　作品已出版版本的版权

（1）除本法另有规定外，任何一项或多项文学、艺术或音乐作品的每一出版版本均享有版权，其中包括：

（a）首次在马来西亚出版；或

（b）该版本的出版者在首次出版之日是合格的资格人；

但本款不适用于复制同一作品的先前版本的出版版本。

（2）除本法另有规定外，版本的出版商有权享有该版本中因本条规定而存在的版权。

（3）除本法另有规定外，根据本条规定存在于某一版本中的版权所限制的行为是对该版本的排版进行复制。

（4）为研究、私人学习、批评、审阅、新闻、时事报道等任何目的而复制已出版版本的排版，如该复制符合公平交易，则不侵犯本条所规定的版权；

如果该复制是公开的，则应附有对作品名称及其作者的声明，但该作品被附带纳入广播中除外。

（5）政府、国家档案馆或任何州档案馆、国家图书馆或任何州图书馆，或任何公共图书馆以及教育、科学或专业机构，如果出版物的排版符合公共利益及公平交易和任何条例的规定，则可在不侵犯本条规定的版权的情况下复制出版物的排版。

第10条　保护条件

（1）符合版权保护条件的作品，其作者或在合作作品中的任何一个作者

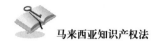

在作品完成时具有资格的，该作品即受版权保护。

（2）符合版权保护条件且满足下列条件的作品享有版权：

（a）在马来西亚首次出版的文学、音乐或艺术作品或电影或录音；

（b）在马来西亚建造的建筑作品，或在马来西亚建造的建筑物纳入的任何其他艺术作品；

（c）在马来西亚境内传播的广播。

（3）尽管有第（1）款和第（2）款的规定，但是除本法另有规定外，符合版权保护条件并在马来西亚创作的作品享有版权。

第 10A 条　表演者的保护条件

表演者符合下列条件的，享有表演者权：

（a）是马来西亚公民或永久居民；或

（b）不是马来西亚公民或永久居民，但其表演：

（ⅰ）在马来西亚；

（ⅱ）是被纳入受本法保护的录音；或

（ⅲ）没有被固定在录音中，但被包含在受本法保护的广播中。

第 11 条　政府、政府机构及国际组织作品的版权

（1）由政府和部长通过命令规定的政府组织或国际机构创作或在其指导或控制下创作的，符合版权保护条件的作品，享有版权。

（2）第 10 条不得被视为将版权授予本条适用的作品。

第 12 条　政府版权的管理

作品的版权归政府所有的，与版权有关的部门应代表政府管理和控制该版权；

但有关部门可授权国家档案馆馆长代表政府管理和控制该版权。

第 3 章　版权的性质和期限

第 13 条　文学、音乐或艺术作品，电影和录音的版权性质

（1）文学、音乐或艺术作品，电影、录音或衍生作品的版权，是在马来西亚控制下列行为的专有权：

（a）以任何有形形式复制；

（aa）向公众传播；

（b）向公众演出、展示或演奏；

（c）根据第 994 号法律废除；

（d）根据第 994 号法律废除；

（e）通过销售或其他转让所有权方式向公众发行复制品；和

（f）向公众进行商业出租；

全部或实质部分的作品，以原有或衍生形式，但是：

（A）控制复制品发行的专有权仅指将先前未在马来西亚发行的复制品发行的行为，而不是指对已发行复制品的发行或进口全马来西亚；且*

（B）控制电影商业出租的专有权仅适用于商业出租导致该作品的广泛复制并严重损害专有复制权的情况。

（2）尽管有第（1）款的规定，但是该款下的控制权并不包括有权控制下列行为：

（a）以公平交易的方式进行第（1）款所述任何行为，包括为研究、私人学习、批评、评论或报道新闻或当前事件的目的；

但除通过录音、电影或广播报道新闻或时事方式外，应当声明作品名称及作者姓名；

（b）以戏仿、模仿或讽刺的方式作出第（1）款所述任何行为；

（c）将位于公共场合的艺术作品纳入电影或广播中；

（d）复制和发行艺术作品的复制品并将其永久置于公共场合；

（e）附带地将作品纳入艺术作品、录音、电影或广播；

（f）为教学目的，通过举例说明的方式将作品纳入广播、表演、放映或向公众播放、文学或音乐作品集、录音或电影中，并且符合公平原则；

但应说明所使用作品的来源和作者的姓名；

（ff）为考试目的，通过设置问题、向考生传达问题或回答问题的方式使用作品；

但音乐作品的复制品不得供考生在表演时使用；

（g）在学校、高等院校或教育机构中复制为此类学校、高等院校或教育机构播放的广播节目中包含的作品；

---

* 本书中涉及类似层级的，均遵从原文，未作修改，下同。——译者注

（gg）为私人和家庭使用目的而制作广播的录音或广播中包含的文学、戏剧或音乐作品、录音或电影，只要其是由声音组成的；

（ggg）为制作者的私人和家庭使用而制作广播电影，或文学、艺术、戏剧或音乐作品，或由视觉图像组成的广播电影；

（gggg）制作和发行任何作品的复制品以满足听力受损者的特殊需要，并由非营利组织或机构按照部长可能确定的条件向公众发行此类复制品；

（ggggg）根据部长确定的条件，由下列人员将任何作品制作成无障碍格式副本并予以发行：

（ⅰ）被授权人；或

（ⅱ）阅读障碍者或代表阅读障碍者行事的任何其他人，包括其照顾者；

（h）个人在公开场合或广播中朗读或背诵已出版文学作品的任何合理摘录且声明作品信息和作者信息；

（i）由政府、国家档案馆或任何州档案馆、国家图书馆或任何州图书馆，或由版权局部长通过命令规定的公共图书馆和教育、科学或专业机构使用作品或在其指导或控制下使用作品，只要该使用符合公众利益并符合公平做法和任何条例的规定，以及：

（ⅰ）未从中获得利润；且

（ⅱ）对公众的表演、放映或演奏如此使用的作品（如有），不收取入场费；

（j）由广播服务机构或在其指示或控制下复制作品，且该复制或其复制品只被用于合法广播，并在复制后6个月内或广播服务机构与该作品版权所有者商定的更长期间结束前销毁复制品；

如果根据本款规定制作的任何作品的复制品具有特殊文献性质，则可被保存在广播部门为此指定的官方档案中；但根据本法，未经作品版权相关部分的所有者同意，其不得被用于广播或任何其他目的；

（k）非营利性组织或机构为慈善或教育目的而进行的作品表演、放映或演奏，而且是在不收取门票、入场费的地方进行的表演、放映或演奏；

（l）为司法程序，皇家委员会、立法机构、法定或政府调查的程序，或任何此类程序的报告，或为法律从业者提供专业意见的目的而使用作品；

（m）在符合公平做法的情形下引用已出版的作品，而且不超过目的所需的范围，包括以新闻摘要的形式引用报纸文章和期刊的内容；

但须声明作品来源和使用作品上显示的作者姓名；

（n）报刊转载、广播或向公众展示在报纸或期刊上发表的关于时事新闻的文章，且以权利人没有明确的保留为限；

但应注明来源；

（o）出于宣传目的，报刊复制，广播表演，向公众展示或播放公开发表的讲座、演讲和其他相同性质的作品，且以权利人没有明确的保留为限；

（p）计算机软件的商业出租，但计算机软件不是出租的主要标的；

（q）对网络上提供的作品制作临时和附带的电子复制品，且制作该复制品是为了观看、收听或使用上述作品所必需的；

（r）由被授权实体、阅读障碍者本人或代表其行事的任何其他人（包括其照顾者）按部长批准的条件进口任何作品的无障碍格式副本，以便分发或提供；且

（s）被授权实体按部长批准的条件向《马拉喀什条约》成员出口任何作品的无障碍格式副本，以便分发或提供。

（2A）就第（2）款（a）项而言，在决定交易是否构成公平交易时，须考虑的因素应包括：

（a）交易目的及性质，包括该等交易是否属商业性质或是为非营利的教育目的；

（b）版权作品的性质；

（c）就整个版权作品所使用的部分的数量和实质性；且

（d）有关交易对版权作品的潜在市场或价值的影响。

（2B）就第2款（s）项而言，《马拉喀什条约》指2013年6月27日在马拉喀什签署的《关于为盲人、视力障碍者或其他印刷品阅读障碍者获得已出版作品提供便利的马拉喀什条约》。

（2C）为第（2）款（gggg）项、（r）项和（s）项的目的，部长可通过命令，指定任何向阅读障碍者提供教育、指导培训、适应性阅读或信息获取的非营利性团体或机构为被授权人。

（3）就第（2）款第（1）项而言，立法机构指马来西亚议会，就某一州而言，指根据该州宪法有权为该州制定法律的当局，视情况而定。

第13A条　设计文件和模型

（1）对于不构成艺术作品或字体的设计文件、模型或包含任何设计在内的表达，下列情形不应被视为对版权的侵犯：

（a）根据该设计制作物品，复制或再现根据该设计制作的物品；或

（b）向公众发布，或在电影、广播或有线电视节目服务中包括任何依据（a）项并非侵犯该版权的内容。

（2）在本条中：

设计，指物品整体或部分形状或构造（不论内部或外部）的任何方面的设计，但表面装饰除外；且

设计文件，指设计的任何记录，不论是以图纸、书面说明、照片、储存在计算机中的数据还是其他形式。

第13B条　艺术作品衍生设计的利用后果

（1）本条适用于版权人或经其许可，以下列方式利用艺术作品：

（a）通过工业加工或手段制造依本法目的应被视为作品复制品的物品；和

（b）在马来西亚或其他地方销售此类物品。

（2）自此类物品首次上市的日历年年底起算的25年的时间结束后，该作品可以被通过制作任何形式的物品进行复制，为制作任何形式的物品做任何事情并对如此制作的物品进行任何利用而不侵犯版权。

（3）艺术作品只有部分内容如第（1）款所述被利用的，则第（2）款只适用于该部分。

（4）部长可通过命令作出规定：

（a）某一物品或物品的任何形式就本条而言被视为通过工业加工或手段制造获得的情况；且

（b）将其认为合适的、主要是文学或艺术性质的物品排除在本条适用范围之外。

（5）在本条中：

（a）凡提及文章，不包括电影；且

（b）凡提及某物品的市场推广，应被解释为物品正在销售或出租，或要约或展示销售或出租。

第13C条　根据第1420号法律废除

第14条　建筑作品的版权性质

建筑作品的版权应包括对建筑物的建造进行控制的专有权。该建筑物以

其原始形式，或以任何可识别的源自原始形式的方式，复制该作品的全部或实质部分。

但此类作品的版权不包括控制与该版权有关的建筑物的重建或修复，而这些重建或修复是为了与原来的风格相同。

第15条　广播的版权性质

（1）广播版权，指在马来西亚控制全部或实质部分广播的录制、复制和重播的专有权，以及在收取入场费的场所向公众表演、放映或播放全部或实质部分电视广播的专有权，无论该广播是以原版形式还是任何可识别的方式衍生出来的内容。

（2）尽管有第（1）款规定，但是第13条第（2）款（a）项、（g）项至（h）项和（o）项适用于广播版权。

（3）电视广播的版权包括控制从电视广播截取静态照片的权利。

第16条　对电影所含作品的广播

（1）任何文学、音乐或艺术作品的版权人授权任何人将该作品纳入电影内，而广播服务机构在该所有人和被授权人之间没有任何明确相反协议的情况下播放该电影的，视为版权人授权广播服务机构播放该作品。

（2）尽管有第（1）款规定，但是广播服务机构广播的电影中含有文学、音乐或艺术作品的，该文学、音乐或艺术作品的权利人有权从广播服务机构获得合理补偿。

第16A条　表演者权的性质

（1）表演者权是在马来西亚范围内控制下列行为的专有权：

（a）向公众传播表演，但在此传播中使用的为现场直播表演的除外；

（b）固定尚未被固定的表演；

（c）复制表演的固定；

（d）通过销售或其他所有权转让的方式，首次向公众发行表演的固定或其复制品；且

（e）向公众出租表演的固定或其复制品，不论所租复制品的所有权归属。

（2）表演者一经同意对其表演进行固定，即不再享有第（1）款（b）项下的专有权。

（3）尽管有第（1）款规定，但是该款项下的控制权并不包括控制下列行为的权利：

（a）表演的直接或间接声音记录或间接电影记录：

（ⅰ）完全为私人和家庭用途而制作的录音或电影；或

（ⅱ）由阅读障碍者本人或包括其照顾者在内的任何其他代表他的人，或由被授权人，或由非营利性团体或机构制作的录音或电影，其唯一目的是帮助听障人士或阅读障碍者；

（b）表演的直接或间接声音记录或电影记录：

（ⅰ）为新闻或时事报道或与之相关的目的而制作的；

（ⅱ）为批评或评论的目的而制作的；或

（ⅲ）为了司法程序、皇家委员会或立法机构的程序、法定或政府调查的程序，或任何此类程序或调查的报告，或为了由法律从业人员提供专业意见的目的而制作的；

（c）表演的间接录音或电影记录：

（ⅰ）由管理教育机构的机构或其代表制作的录音或电影，完全是为了该机构或另一教育机构的教育目的而制作的；或

（ⅱ）由管理协助阅读障碍者的机构或其代表制作的录音或电影，无论是由该机构还是其他机构提供，其唯一目的仅为向视觉、听觉、智力和阅读障碍者提供帮助；

（d）由获得表演者同意播放该表演的广播服务机构制作或在其指导或控制下制作的表演的直接录音或电影，并且该录音或电影在制作后的 6 个月或广播服务机构与表演者之间协商的更长期限结束之前被销毁；

（e）由于欺诈或无意的虚假陈述，制作的表演的直接或间接录音或间接电影的人有理由相信表演者已授权其进行记录；

（f）（a）项、（b）项、（c）项和（d）项所述录音或电影的复制品是仅为上述任何各项所述目的而制作的复制品；

（g）（e）项所述录音或电影的复制品是仅为该项所述目的而制作的复制品；且

（h）（f）项所述录音或电影的复制品，作为：

（ⅰ）由因他人作出欺诈或无意的陈述而认为表演者已同意制作该复制品的人所制作的复制品；或

（ⅱ）仅为（a）项、（b）项、（c）项和（d）项所述目的而制作的复

制品。

（4）在本条中：

直接，就表演的录音或电影而言，指直接由表演制成的；

间接，就表演的录音或影片而言，指由表演的广播或重播制作而成的。

第 16B 条　合理报酬

（1）为商业目的出版录音，或者公开进行录音的复制，或者直接用于向公众广播或者其他对外传播的，录音制品的使用者应当向表演者支付合理的表演报酬。

（2）报酬不能只是因为是以一次性的方式支付而被视为不合理。

（3）本条的任何规定不得被解释为剥夺表演者以协议方式约定对其表演更有利的条款和条件的权利。

（3A）在未就第（1）款项下应付的合理报酬订立协议的情况下，表演者可向法庭申请裁定合理报酬的金额。

（3B）表演者亦可向法庭提出申请：

（a）更改任何协议中应付的合理报酬金额；或

（b）更改法庭以往就合理报酬所作出的任何裁定。

（3C）申请人根据第（3B）款（b）项提出的申请只能在先前裁定作出之日起 12 个月内提出，但已获得法庭特别许可的除外。

（3D）在根据本条提出申请时，法庭应考虑有关事项并在考虑到表演者对录音制品作出贡献的重要性的情况下，就其认为在当时情况下合理计算和支付合理报酬的方法作出命令。

（3E）协议目的旨在阻止表演者质疑合理报酬的金额或限制法庭根据本条规定享有的权利的，该协议无效。

（4）就本条而言，为商业目的而出版指以有线或无线方式向公众提供录音，使公众可以在其个人选择的地点和时间获得录音。

第 17 条　文学、音乐或艺术作品的版权存续期限

（1）除本法另有规定外，任何根据本法享有文学、音乐或艺术作品版权的，其存续期限为作者终生及其死亡后 50 年。

（2）文学、音乐或艺术作品在作者生前未发表的，此类作品仍可根据本法获得版权保护，直至作品首次发表后的下一日历年开始计算的 50 年期满

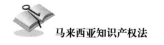

为止。

（3）文学、音乐或艺术作品是匿名或以假名出版的，此类作品仍可根据本法获得版权保护，直至该作品首次出版或首次向公众提供或制作年份的下一日历年开始计算的 50 年期满为止，以最晚的日期为准；

但如作者的身份已为人所知，则版权的存续期限应按照第（1）款的规定计算。

（4）在本条中，提及作者，就合作作品而言，应被解释为提及最后死亡的作者。

第 18 条　已出版版本的版权存续期限

已出版版本根据本法享有的版权的，其存续期限直至从该版本首次发表后的下一日历年开始计算的 50 年期满为止。

第 19 条　录音版权的存续期限

录音根据本法享有版权的，其存续期限直至从录音首次发表后的下一日历年开始计算的 50 年期满为止；如果录音未出版，则从录制年份的下一日历年开始计算的 50 年期满为止。

第 20 条　广播版权的存续期限

广播根据本法享有版权的，其存续期限直至从广播首次播出后的下一日历年开始计算的 50 年期满为止。

第 21 条　根据第 994 号法律废除

第 22 条　电影版权的存续期限

电影根据本法享有版权的，其存续期限直至从电影首次发表或制作的下一日历年开始计算的 50 年期满为止。

第 23 条　政府、政府机构和国际组织作品的版权存续期限

政府、政府组织和国际机构的作品根据本法享有版权的，其存续期限直至作品首次发表后的下一日历年开始计算的 50 年期满为止。

第 23A 条　表演者权的存续期限

根据本法享有表演中的权利的，其存续期限直至从表演发生或被录制在录音中后的下一日历年开始计算的 50 年期满为止。

第 23B 条　合理报酬的存续期限

合理报酬权应自录音出版之日起，直至下一日历年开始计算的 50 年期满为止；录音尚未出版的，自录音录制之日起至下一日历年开始计算的 50 年期满为止。

第 24 条　根据第 775 号法律废除

第 25 条　人身权

（1）在本条中，名称或姓名包括首字母或花押字。*

（2）除本条另有规定外，作品获得版权保护的，未经作者同意或在作者死后未经其代理人同意，任何人不得进行或授权进行下列任何行为：

（a）在不标明作者身份或以作者以外的其他名字的情况下，以任何方式展示该作品；且

（b）对作品进行曲解、删改或其他变更，如果该曲解、删改或其他变更：

（i）显著改变作品；且

（ii）可以合理地认为对作者的荣誉或名誉有不利影响。

（3）无论是依转让、许可还是其他方式，在他人被授权出版、复制、公开表演或向公众传播作品的情况下，可以合理预期经授权的出版、复制、公开表演或向公众传播（视情况而定）在没有被修改的情况下无法进行的，被授权人可以对作品进行修改；但本款任何规定授权对作品进行的修改不得违反第（2）款的规定。

（3A）如果作品被被授权人、阅读障碍者本人或代表他行事的任何其他人（包括其照顾者）修改为无障碍格式副本，且该修改是使作品成为无障碍格式副本所必需的，则该修改不构成对第（2）款的违反。

（4）即使在被指控行为发生时，作品的版权并非归属于作者或代理人的

＊"花押字"在马来西亚版权法中的英文为"monogram"，在剑桥词典中指由姓名首字母组成，缝在或印在衣服等上面的交织字母。——译者注

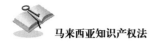

（视情况而定），作者或其去世后的代理人仍可行使本条所赋予的权利。

（5）针对作品任何违反或可能违反本条规定的行为，可以基于违反法定义务而由作品的作者提起诉讼；该作品的作者已死亡的，可由其代理人提起诉讼。

（6）代理人根据本条就作品作者死亡后与作品有关的违法行为追回的任何损害赔偿，应作为作者遗产的一部分移交，如同诉讼权在作者死亡前即已存在并归属他一样。

（7）在根据本条提起的诉讼中，某行为被证明或其实行者承认违反本条规定的限制的，法院可以命令违法者按照法院指示的方式公开改正其行为。

（8）本条规定不应减损除本条规定以外程序中的任何诉讼权利或其他救济措施（无论是民事还是刑事）；但在非依本条而提起并由同一事由引起的任何程序中，本条不应被解释为要求在评估损害赔偿时忽略根据本条索要的任何损害赔偿。

第25A条　表演者的人身权

（1）表演者对于其表演或以录音形式固定的表演，有权：

（a）要求表明表演者身份，但由于表演的使用方式而造成遗漏的除外；且

（b）禁止任何有损其声誉的曲解、删改或其他变更。

（2）第（1）款赋予表演者的权利在其死后被继续享有，并应由表演者授权的人员或机构行使。

（3）就本条而言，录音制品指对表演的声音或其他声音的录制或对声音表现的录制，但以录制形式被纳入电影或其他视听作品的除外。

第4章　版权的所有权和转让

第26条　版权的第一所有权

（1）第10条赋予的版权应首先归作者所有。

（2）尽管有第27条第（6）款的规定，但是该作品：

（a）根据服务或学徒合同，是由非作者雇主的人委托的；或

（b）未受委托，是在作者的工作过程中完成的；

则版权应被视为转让给委托作品的人或作者的雇主，但双方之间另有排

除或限制该转让的任何协议的除外。

（3）第 11 条赋予的版权最初应属于政府、政府组织或国际机构，而不属于作者。

（4）在不违反第（3）款的情况下：

（a）作品上的标注为作者姓名的名字应被视为是作者的姓名，但有相反证明的除外；

（b）对于匿名或假名作品，作品中标明其名称的出版商应被视为匿名或假名作者的法定代表人并有权根据本法行使和保护作者的权利，但有相反证明的除外；

（c）对于未发表的作品，如果作者身份不明但有充分理由推测其是马来西亚公民，则本法赋予的版权应被视为归属于负责文化事务的部长。

（5）第（4）款（b）项和（c）项在查明作者身份后应停止适用。

第 26A 条　版权自愿通知

（1）版权人或版权受让人，或代表该作品的作者、版权人、版权受让人或其他人可向局长发出作品版权通知。

（2）未向局长支付费用的，不受理版权通知。

（3）版权通知应载有下列事项：

（a）版权人的姓名、地址和国籍；

（b）作品的类别；

（c）作品名称；

（d）作者的姓名，如果作者死亡并知道死亡日期的，注明作者的死亡日期；

（e）是已出版作品的，为首次出版的日期和地点；和

（f）部长可能决定的任何其他信息。

第 26B 条　版权登记册

（1）局长应备存和维持版权登记册。

（2）版权登记册须载有根据第 26A 条通知局长的作品中与版权有关的所有详情。

（3）版权登记册应以部长决定的形式和媒介保存。

（4）任何人均可在部长决定的时间和条件下查阅版权登记册，并可以在

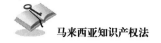

支付规定费用后从登记册中获得经认证的内容摘录。

（5）局长或副局长可核证版权登记册的摘录为真实摘录。该摘录作为登记册所载资料的初步证据，且经核证的版权登记册摘录可在所有法院被作为证据使用。

第26C条　版权登记册的变更
（1）局长可更正版权登记册内记录的任何文书错误。

（2）任何利害关系人可向法院申请命令：

（a）更正登记册内任何条目错误；或

（b）撤销或变更保留在登记册中的任何错误记录以及根据本条作出的任何更正、删除或修改，自法院作出命令之日起生效。

（3）就本条而言，法院指合适的马来西亚高等法院。

第27条　转让、许可及遗嘱处分
（1）除本条另有规定外，版权可被作为动产转让、遗嘱处分或根据法律而转让。

（2）版权的转让或遗嘱处分可以受到限制，以便仅适用于版权人实施其专属控制权的某些行为，或仅适用于部分版权期限，或适用于特定的国家或其他地区。

（3）版权的转让和作出受版权控制行为的许可应以书面的方式进行，否则均属无效。

（4）由一名版权人授权的转让或许可，其效力应与其共有人所授权的转让或许可相同。任何一名版权人所收取的费用应在所有共有人之间被平均分配，但共有人之间另有约定的除外。

（5）就本条而言，对版权的全部或任何部分享有共同利益，即应被视为共有人。

（6）可以对未来的作品或版权尚不存在的现有作品授权或作出转让、许可或遗嘱处分。并且此类作品的未来版权可被作为动产通过法律进行转让。

（7）根据遗嘱处分（不论是特定的或一般的），任何人有权受益地或以其他方式享有文学作品或音乐作品的手稿或艺术作品，且该作品在遗嘱人去世前并未被发表的，除非遗嘱人的遗嘱或其附录中表明相反的意向，只要遗嘱人在死亡前是版权人，该遗嘱处分应被解释为对该作品的版权处分。

第4A章　版权许可

第27A条　集体管理组织

（1）拟作为版权人、作者或表演者集体管理组织运作的法人团体应向局长提出申请，申请被宣告为集体管理组织。

（2）宣告的申请应以局长确定的形式和方式提出，其中应包括下列信息：

（a）申请人的组织文件，该文件的主要目的或主要目的之一为申请授予其作为版权人、未来的所有人或代理人的版权许可，而其目的亦包括发出涵盖多于一名作者作品的许可；

（b）作为申请人成员的版权人、作者或表演者或其代理人的名单；

（c）申请者有关集体管理和许可发放计划的组成文件。

（2A）根据第（2）款提出的申请应随附部长规定的费用。

（3）在收到申请后，管理人可宣告申请人为集体管理组织，为期2年，并向上述申请人发出书面声明。

（3A）集体管理组织应在根据第（3）款发出的声明的有效期届满之日前60天内向局长提出续期申请，该申请应：

（a）以局长确定的形式和方式制作；

（b）随附部长规定的费用；且

（c）连同局长可能确定的任何资料、详情陈述或文件一并提交。

（3B）在根据本法签发的声明有效期届满后提出的任何续期申请均须缴纳部长规定的附加费。

（3C）根据第（3A）款续期的声明的失效日期应在声明中被注明。

（4）尽管有第（3）款的规定，但是申请人根据第（2）款提供的信息不足以或不能表明申请人适合成为集体管理组织，或如果申请人的组成文件与任何其他集体管理组织相同或相似的，局长应拒绝申请。

（5）局长可以撤销给集体管理组织的声明，如果确信集体管理组织：

（a）没有充分发挥集体管理组织的作用；

（b）无权代表其所有成员行事；

（c）不按照其规则行事或不符合其成员或其代理人的最大利益；

（cc）无合理由拒绝或未遵守依据第27M条发布的任何指引；

（d）修改其规则，使其有违本法规定；

（e）不合理拒绝或不遵守本法的规定；或

（f）已解散。

（6）集体管理组织对局长根据第（5）款作出的决定不服的，可在该决定作出之日起1个月内向审裁处提出上诉。

（7）个人在未获得第（1）款规定的宣告的情况下作为集体管理组织运作，即属犯罪，一经定罪，可处不超过50万林吉特的罚金。

第27AA条　第27B条至第27G条适用的许可办法

（1）第27B条至第27G条应适用于集体管理组织就任何作品的版权所实施的许可办法，只要其涉及针对下列内容提供许可：

（a）复制作品；

（b）公开表演、展示或演奏该作品；

（c）向公众传达作品；

（d）重播作品；

（e）向公众以商业方式出租作品；或

（f）对作品进行改编。

（2）就第27B条至第27G条而言，许可办法指第（1）款所述的任何许可办法。

第27B条　向法庭提交拟议许可办法

（1）任何声称代表个人的组织均可向法庭提交拟由集体管理组织实施的许可协议条款。该组织声称其在许可计划将适用案件中需要先获得该个人的许可，无论是一般的还是与任何类型的案件有关。

（2）法庭应首先决定是否受理该申请，并可以以申请过早为由拒绝受理。

（3）法庭决定受理该项申请的，应考虑所申请的事项并作出法庭认为在有关情况下合理的命令，在一般情况下或在与该项申请有关的情况相关范围内确认或更改申请的许可办法。

（4）根据第（3）款发出的命令可以无限期有效或在法庭确定的期限内有效。

第27C条　向法庭提交许可办法

（1）在许可办法履行期间，许可办法实施人与下列人员之间出现争议的：

（a）声称其需要在许可办法适用的某种情况下获得许可的人；

（b）声称代表该等人的组织；或

（c）已获得许可办法所适用的许可的人；

在涉及该类案件的情况下，该实施人、个人或组织可将许可办法提交给法庭。

（2）根据本条规定被提交给法庭的许可办法应继续履行，直到有关程序结束。

（3）法庭应审议争议事项并作出合理命令，确认或改变涉及与提交人有关案件的许可办法。

（4）根据第（3）款作出的命令可以无限期生效或在法庭决定的期限内生效。

第27D条 再次向法庭提交许可办法

（1）除第（2）款另有规定外，法庭曾根据第27B条或第27C条或根据本条作出有关许可办法的命令的，在该命令仍然有效期间内：

（a）许可办法的实施人；

（b）声称在命令所描述的情况下需要获得许可的人；

（c）声称代表该等人的组织；或

（d）已根据许可办法获得许可的人；

可再次提交法庭处理，只要许可办法涉及上述情形。

（2）除经法庭特别许可外，在下列情况下，许可办法不得就同一类案件再被提交法庭：

（a）自上一命令作出之日起12个月内；或

（b）如果该命令的有效期为15个月或更短，则直到该命令届满前的最后3个月。

（3）根据本条提交法庭的许可办法应被继续履行，直至有关程序结束。

（4）法庭应审议争议事项并作出合理命令，确认、更改或进一步更改涉及与案件有关的许可办法。

（5）根据第（4）款作出的命令可以无限期生效或在法庭可能决定的期限内生效。

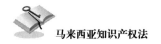

第27E条　与许可办法有关的许可授权申请

（1）在许可办法涉及的个案中，主张许可办法的实施人有下列行为的：

（a）拒绝根据许可办法向其发出或促致发出许可；或

（b）在申请人提出申请后，未在合理时间内按照许可办法向其发出或促致发出许可；

可向法庭申请根据第（4）款规定发出命令。

（2）在许可办法排除的个案中，主张许可办法的实施人有下列行为的：

（a）拒绝向其发出或促致发出许可，或在收到申请后的合理时间内无正当理由拒绝向他发出或促致发出许可；或

（b）提出不合理的许可条款；

可向法庭申请根据第（4）款规定发出命令。

（3）就第（2）款而言，任何个案符合下列条件的，即被视为许可办法排除的个案：

（a）许可办法规定许可的发放应符合许可事项的例外条款，而个案属于该例外情况；或

（b）该情况与根据许可办法发出许可的情况相似，以致不以同样方式处理是不合理的。

（4）法庭确信该主张有充分依据的，应发出命令，宣布就该命令所指明的事项而言，申请人有权按照法庭根据许可办法确定的条款获得许可或在合理情况下获得许可（视情况而定）。

（5）根据第（4）款作出的命令可以无限期生效或在法庭可能决定的期限内生效。

第27F条　申请复核有关许可权的命令

（1）法庭根据第27E条作出命令，规定某人有权根据许可办法获得许可的，许可办法的管理人或原申请人可向法庭申请复核其命令。

（2）除非得到法庭的特别许可，否则下列情形下不得提出申请：

（a）自该命令或就先前根据本条提出的申请作出决定之日起计12个月内；或

（b）如该命令的有效期为15个月或少于15个月，或先前根据本条提出的申请作出了决定，而该决定应在作出后15个月内到期，则直至该命令届满

前最后 3 个月为止。

（3）法庭在考虑到根据许可办法适用的条款或案件的前提下，在合理情况下应根据复核申请确认或更改其命令（视情况而定）。

第 27G 条　法庭命令对许可办法的影响

（1）只要与该命令所涉及的案件有关且该命令仍然有效，已由法庭根据第 27B 条、第 27C 条或第 27D 条确认或更改的许可办法应继续有效或继续实施（视情况而定）。

（2）在命令生效期间，在该命令所适用的某一类别中的当事人，应：

（a）根据许可办法向许可办法管理人支付应支付的涉及有关案件的许可费用，如果金额无法确定，则向管理人承诺在确定后支付费用；

（b）根据许可办法，遵守适用于此类许可的其他条款；且

（c）在版权被侵权时处于相同的地位，如同其在所有重要时间都是版权人根据许可办法授予许可的被授权人。

（3）法庭可指示命令，只要其改变了应缴费用金额，从作出命令的日期之前开始生效，但不早于提交日期，或如果是晚于该日期，则不早于许可办法开始实施的日期。

（4）根据第（3）款作出指示的：

（a）应就已经支付或应支付的费用进行必要的支付或进一步支付；且

（b）第（2）款（a）项提及根据许可办法须缴付的费用应被解释为提及根据该命令须缴付的费用。

（5）法庭已根据第 27E 条作出命令且该命令仍然有效的，该命令的受益人如：

（a）向许可办法的管理人支付任何根据该命令须缴付的费用，或在未能确定有关金额的情况下向管理人承诺在确定有关金额后缴付有关费用；且

（b）符合命令规定的其他条款；

在版权被侵犯时处于相同的地位，如同其在所有重要时间都是版权人根据命令规定的条款授予许可的被许可人。

第 27H 条　第 27I 条至第 27L 条适用的许可

第 27I 条至第 27L 条适用于集体管理组织根据许可办法以外方式发放的以下类型的许可：

（a）涉及多位作者的文学或音乐作品的版权许可，只要其授权：

（ⅰ）复制作品；

（ⅱ）在公众场合表演、展示或演奏该作品；

（ⅲ）向公众传达作品；或

（ⅳ）向公众发行作品；且

（b）与任何其他作品的版权有关的许可，只要其授权：

（ⅰ）复制作品；

（ⅱ）在公众场合表演、展示或演奏该作品；

（ⅲ）向公众传达作品；或

（ⅳ）导致作品被公开的表演、展示或演奏；

在上述条款中，许可指上述任何种类的任何许可。

第 27I 条　向法庭提交拟议许可的条款

（1）准被许可人可将集体管理组织拟授予许可的条款提交法庭。

（2）法庭应首先决定是否受理该申请，并可以以申请时间过早为由拒绝受理。

（3）法庭决定受理该项申请的，应审查拟议许可办法的条款，并在合理情况下，作出确认或更改条款的命令。

（4）根据第（3）款作出的命令可以无限期生效，或在法庭可能决定的期限内生效。

第 27J 条　向法庭提交即将到期的许可

（1）因许可到期或因集体管理组织发出的通知而到期的被许可人，可以在该情况下以许可终止不合理为由向法庭提出申请。

（2）在许可到期前最后 3 个月内不得提出该申请。

（3）根据本条规定被提交给法庭的许可应继续有效，直到关于该提交的程序结束。

（4）法庭认为该申请有充分根据的，应作出命令宣布被许可人将继续有权按照法庭认为合理的条件从许可中获益。

（5）根据第（4）款作出的命令可以无限期生效或在法庭可能决定的期限内生效。

第27K条 申请审查许可的命令

（1）法庭已根据第27I条或第27J条作出命令的，集体管理组织或有权享有该命令利益的人可向法庭申请复核其命令。

（2）除经法庭特别许可外，下列时间不得提出申请：

（a）自该命令或就先前根据本条提出的申请作出决定之日起计12个月内；或

（b）如果该命令的有效期为15个月或更短期间，或先前根据本条提出的申请作出了决定，而该决定应在作出后15个月内到期，则直到命令到期前的最后3个月。

（3）法庭应根据复核申请确认或更改法庭在有关情况下认为合理的命令。

第27L条 法庭命令对许可的效力

（1）法庭已根据第27I条或第27J条作出命令，而该命令仍然有效的，有权享有该命令权益的人如：

（a）向集体管理组织支付根据该命令需支付的费用，或在未能确定有关金额的情况下向管理人承诺在确定有关金额后缴付有关费用；且

（b）符合命令中规定的其他条款；

在版权受到侵犯时与被许可人处于相同的地位，如同其在所有重要时间都是有关版权人根据命令中规定的条款授权的被许可人。

（2）符合下列条件的，命令所赋予的权益可以被转让：

（a）在根据第27I条发出命令的情况下，如裁判所命令的条款不禁止转让；且

（b）在根据第27J条发出命令的情况下，如原许可的条款不禁止转让。

（3）裁判所可根据第27I条或第27J条作出的命令，或根据第27K条作出的命令、改变该命令，只要其改变了应付费用金额且自作出该命令之前的日期起生效，但不早于申请人提交或申请的日期，或如果较晚，则不早于授予许可的日期或到期的日期（视情况而定）。

（4）根据第（3）款作出指示的：

（a）应就已支付或应支付的费用作出所需或进一步的偿还；且

（b）在第（1）款（a）项中提述按照该命令需支付的费用，如该命令被后来的命令更改，则应解释为依较后的命令支付费用。

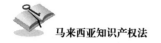

第 27M 条　指导方针

（1）局长可就与本部分规定的集体管理组织的宣布和运作有关的任何事项发布指引。

（2）第（1）款提及的指引所适用的对象应遵守和实施这些指引。

（3）局长可撤销、更改、修订或修正根据本条发布的任何指引的全部或任何部分。

第 5 章　版权裁判所

第 28 条　版权裁判所的设立及权力

（1）应设立版权裁判所。

（2）裁判所有权就下列事项作出决定：

（a）表演者根据第 16B 条提出的申请；

（b）第 4A 章所述由管理人、人士或机构作出的任何提交；

（c）集体管理组织根据第 27A 条第（7）款提出的申诉；和

（d）根据第 31 条和第 59C 条行使权力。

第 29 条　委任裁判所的主席和成员

（1）裁判所应由部长任命的下列人员组成：

（a）1 名主席；

（b）5 名副主席；和

（c）部长认为适合担任裁判所成员的 12 人。

（2）裁判所的主席、副主席和成员的任期不得超过 3 年，并有资格获得连任。

（3）部长应确定裁判所主席、副主席和成员的薪酬与任命的其他条款和条件。

（4）部长认为裁判所任何成员不适合继续任职或不能履行其职责的，可宣布免去其职务。

（5）裁判所的主席、副主席或任何成员可随时以书面通知的方式向部长辞去其职务。

（6）裁判所的主席、副主席和成员应被视为刑法典意义上的公务员。

（7）裁判所应有由部长任命的 1 名秘书和其他必要的协助裁判所的人员。

第 30 条　裁判所的程序

（1）裁判所的每项程序都应由主席或副主席，以及由主席从根据第 29 条获委任的成员中选出的另外两名成员，聆讯及处置。

（2）裁判所成员在将由裁判所裁定的任何事项上有经济利益的，不得参与裁判所的任何程序。

（3）主席根据第（2）款被取消资格的，部长应委任 1 名副主席代理主席进行该项程序。

（4）任何人，其伴侣、雇主或其家庭任何成员，或任何团体（不论是否法定他是其成员），在将由裁判所裁定的任何事项上有经济利益的，视为该人具有经济利益。

（5）就裁判所须予裁定的任何事项票数相等的，该程序的主席除有权投商讨性投票外，亦有权投决定票。

（6）在任何程序过程中，裁判所任何成员因病或任何其他原因不能继续参与的，裁判所的其余成员（不少于 2 名）应继续进行诉讼，且就该程序而言，应被视为合法组成。

（7）在第（6）款所述的任何情况下，若无法继续的成员是程序的主席的，部长应：

（a）从其余成员中任命 1 名新主席以便继续进行程序；和

（b）在适当情况下委任 1 名副主席出席程序，就程序中可能出现的任何问题向程序中的成员提供意见。

第 30A 条　将法律问题提交高等法院

（1）裁判所可自行或应一方当事人请求，将裁判所审结的程序所引起的法律问题提交高等法院裁定。

（2）根据第（1）款提出的请求，当事人应在作出决定当日起计 14 日内以书面提出。

（3）根据本条有问题提交高等法院的，裁判所应将其程序的记录送交高等法院的司法官员，司法官员随即指定并通知程序各方听审的时间和地点。

（4）在高等法院的庭审时，在裁判所进行程序的任何一方均有权出庭及

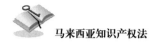

作出陈述。

（5）高等法院应审理和裁定根据本条提交的问题，如同是针对裁判所的决定向高等法院提出的上诉，并可因此确认、改变、取代或撤销该决定或作出其认为公正或必要的其他命令。

（6）高等法院根据第（5）款作出的裁决为终局裁决，并且不得在任何其他法院或任何其他司法机关或其他机构对此类裁决提出异议、上诉、审查、撤销或质疑。

（7）就本条而言，法律问题不包括是否有足够的证据证明裁判所对事实的认定是否合理的问题。

第31条　制作和出版翻译的许可

（1）任何人均可向裁判所申请许可用马来文或其他方言制作和出版以任何其他语言撰写的文学作品的译本。

（2）除本条另有规定外，裁判所在进行其认为必要的调查后，可向申请人发放许可（非专属许可），以制作和出版该作品的本国语言或其他方言的译本，但申请人须按照裁判所按规定的方式确定的费率向该作品的翻译权所有人支付许可使用费。

（3）根据第（1）款就某作品提出的申请，只有下列情况才可获得许可：

（a）在作品首次出版后1年内，版权人（或者版权人授权的任何人）尚未出版该作品的本国语言或者其他方言译本，或者该译本虽已经出版，但也已经绝版；

（b）（ⅰ）申请人已提出申请并被版权人拒绝授权翻译及出版译本；或

（ⅱ）申请人经尽职调查后，无法追查或确定版权人；

（c）已知翻译权所有人的国籍，申请人已将其翻译请求复制品送交该所有人所在国家的外交或领事代表，或该国政府可能指定的组织；

（d）裁判所认为：

（ⅰ）申请人能够出版该作品的正确译本并有能力向翻译权所有人支付本条所规定的许可权使用费；且

（ⅱ）申请人承诺在所有已出版的译文复制品上印有该作品的原名称和作者姓名；

（e）该作品的作者没有将其撤出流通；

（f）在可行的情况下，首先给予作品翻译权所有人发表意见的机会；

（g）自（b）项和（c）项所述手续完成之日起 9 个月内，翻译权所有人没有出版或经其授权出版本国语言或其他方言的译本；且

（h）翻译是为了教学、学术或研究的目的。

（4）根据本条授予的许可不得被转让，也不得被延伸至出口复制品；但政府或任何政府机构将复制品送往另一国家，如符合下列所有条件，则不构成出口：

（a）受领人为马来西亚国民或组织的个人；

（b）复制品仅被用于教学、学术或研究目的；

（c）发送复制品及其后发行给受领人并无任何商业目的；且

（d）收到复制品的国家已与马来西亚达成协议，允许收取或发行复制品或两者兼可。

（5）本许可仅对在马来西亚翻译出版的译本有效，根据许可出版的所有复制品均应附有以本国语言或其他语言的说明，说明复制品仅可在马来西亚发行。

（6）如果翻译权所有人或经其授权的人以与马来西亚同类作品的合理收费相关的价格出版了以本国语言或其他方言翻译的且内容与所获许可基本相同的译本，则根据本条授予的许可应终止；

但是，在许可终止前已经制作的任何复制品可以被继续发行，直到其存量耗尽为止。

（7）待翻译的作品主要是插图的，不得被根据本条授予许可。

第 32 条　根据第 952 号法律废除

第 33 条　裁判所可要求提供资料

（1）裁判所可要求提供其认为必要的资料，以便根据本法和依据本法制定的任何附属立法行使其任何权力和职能。

（2）拒绝遵守裁判所要求的，构成本法规定的过错。

第 34 条　不得对裁判所提起任何诉讼

对于裁判所任何成员在根据本法行使裁判所权力和职能时出于善意所为或不为的事情，不得提起诉讼或其他法律程序。

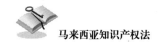

第 35 条　与裁判所有关的条例

部长可就下列事项制定有关裁判所的条例，特别是在不妨碍上述一般性规定的情况下：

（a）规定可向裁判所提交的事项或裁判所审理争议的方式；

（b）规定裁判所在处理根据本法向其提交的任何事项或审理任何争议时应采用的程序以及应保存的记录；

（c）规定裁判所开庭的方式和开庭的地点；

（d）规定与裁判所的任何调查或程序有关的应付费用和收费表；且

（e）总的来说，是为了更好地履行本法赋予法庭的职能。

第 6 章　侵权和违法行为的救济

第 36 条　侵权行为

（1）未经版权人许可而实施或安排他人实施根据本法受版权控制的行为的，构成侵犯版权。

（2）未经版权人同意或许可，以下列情况为目的将物品进口至马来西亚的，构成侵犯版权：

（a）销售、出租或以交易方式销售、许诺销售或为销售或出租而展示该物品；

（b）发行物品：

（ⅰ）为商业目的；或

（ⅱ）为任何其他目的，并会对版权人造成不利影响；或

（c）以商业方式，公开展示该作品；

如果其知道或者应当知道制作该作品是在没有版权人同意或者许可的情况下进行的。

（3）至（5）根据第 1420 号法律废除。

第 36A 条　规避技术保护措施

（1）技术保护措施是由版权人或经该版权人授权而针对作品的复制品使用的，不得规避、促致或授权任何其他人规避下列技术保护措施：

（a）版权人在行使其根据本法所享有的权利时使用的；且

（b）限制与其作品有关的，未经有关版权人授权或许可的行为。

（2）规避技术保护措施符合下列条件的，第（1）款不适用：

（a）仅为了实现独立创建的计算机程序与原始程序或任何其他程序的互操作性；

（b）仅为识别和分析加密技术的缺陷和漏洞；

（c）仅用于测试、调查或纠正计算机、计算机系统或计算机网络的安全性；

（d）仅用于识别和禁止未公开地收集或传播有关自然人在线活动的个人识别信息的能力；

（e）仅以下列情况为目的而合法进行的任何活动：

（ⅰ）执法；

（ⅱ）国家安全；或

（ⅲ）履行法定职能；或

（f）由图书馆、档案馆或教育机构为就存在版权的作品作出购置决定而作出的；或

（g）由被授权人或阅读障碍者本人或代表其行事的任何其他人（包括其照顾者）为阅读障碍者的专用目的而作出的，其唯一目的是：

（ⅰ）将任何作品制作成无障碍格式副本并发行；或

（ⅱ）发行或提供任何作品的无障碍格式副本。

（3）任何人不得：

（a）为销售或出租而制造；

（b）非因私人及家庭用途以外的用途进口；或

（c）在商业活动中：

（ⅰ）销售或出租；

（ⅱ）为销售或者出租而展示；

（ⅲ）登广告销售或出租；

（ⅳ）占有；或

（ⅴ）发行；

（d）为商业过程以外的目的发行，以至于对版权人产生不利影响；或

（e）向公众提供任何技术、装置或组件，或提供任何有关技术、装置或组件的服务，而该技术、装置或组件：

（A）为规避技术保护措施而推广、宣传或营销；

（B）除规避技术保护措施外，仅有有限的商业重要用途或用途；或

（C）主要是为了促成或便利规避技术保护措施而设计、制作、改编或执行。

（4）部长可制定作为技术保护措施使用的任何技术、装置或部件不适用本条的规定。

第36B条　版权管理信息

（1）任何人不得：

（a）擅自删除或者变更电子版权管理信息；

（b）明知电子版权管理信息已被未经授权移除或更改的情况下，未经授权发行、进口或向公众传播作品或作品的复制品，

并且知道或有合理理由知道该行为将导致、促成、促进或掩盖对本法规定的任何权利的侵犯。

（2）未经授权删除或更改任何电子权利管理信息的，第（1）款不适用于下列情形：

（a）仅以下列情况为目的而合法进行的任何活动：

（ⅰ）执法；

（ⅱ）国家安全；或

（ⅲ）履行法定职能；或

（b）由图书馆、档案馆或教育机构为就存在版权的作品作出收购决定而作出的。

（3）就本条和第41条而言，权利管理信息指下列条目中的任何一项附在作品的复制品上或与向公众传播作品有关，标明作品、作品作者、作品中任何权利人、表演者或作品的使用条款和条件的信息，以及代表该等信息的任何编号或代码。

第37条　版权人的行为和救济

（1）就第36A条和第36B条所指的侵犯版权和禁止行为，均可在版权人提起的诉讼中提出控告，而在就该等侵犯版权或禁止行为提出的诉讼中，法院可以给予下列类型的救济：

（a）禁令；

（b）损害赔偿；

（c）清算利润；

（d）每件作品的法定损害赔偿金不得超过 2.5 万林吉特且合计不得超过 50 万林吉特；

（e）法院认为合适的其他命令。

（2）尽管有第（1）款规定，但是在根据第 36A 条第（3）款提起的诉讼中，除法定损害赔偿外，原告可获得所有上述救济。

（3）在根据第（1）款（b）项作出裁决时，法院还可以根据第（1）款（c）项作出命令，将叫归因于侵权行为或禁止行为而在计算损害赔偿时未予考虑的任何利润计算在内。

（4）除第（3）款另有规定外，第（1）款（b）项、（c）项和（d）项所述救济类型是相互排斥的。

（5）就第（1）款（d）项而言，集体作品的所有部分均应构成一部作品。

（6）根据本条提起的诉讼确定发生了第 36A 条或第 36B 条规定的侵犯版权或禁止行为，但确定在侵犯版权或禁止行为实施时被告并不知情，且没有合理理由怀疑该行为根据第 36A 条或第 36B 条是侵犯版权或禁止行为的，原告无权根据本条就被告侵犯版权或禁止行为而获得任何损害赔偿，但无论是否根据本条给了任何其他救济，原告都有权获得清算利润或法定损害赔偿。

（7）根据本条提起的诉讼确定发生了第 36A 条或第 36B 条规定的侵犯版权或禁止行为的，法院在评估侵犯版权或禁止行为的损害赔偿时，在考虑下列因素并合理的情况下，可以判处额外的损害赔偿：

（a）侵犯版权或禁止行为的公众影响；

（b）被告因侵犯版权或禁止行为而获得的任何利益；和

（c）所有其他相关事项。

（8）法庭在根据第（1）款（d）项裁定法定损害赔偿时，应考虑：

（a）侵犯版权或禁止行为的性质和目的，包括该侵犯版权或禁止行为是否具有商业性质或其他性质；

（b）侵犯版权或禁止行为的公众影响；

（c）被告是否恶意；

（d）原告因侵犯版权或禁止行为而遭受或者可能遭受的损失；

（e）被告因侵犯版权或禁止行为而获得的利益；

（f）当事人在诉讼前和诉讼期间的行为；

（g）阻止其他类似侵犯版权或禁止行为的需要；和

（h）所有其他相关事项。

（9）在本条规定的程序中，要求拆除已建成或部分建成的建筑物或阻止部分建成的建筑物建成的，不得签发禁令。

（10）就本条和第 38 条而言：

（a）诉讼，包括反诉，在诉讼中提及原告和被告时应作相应解释；

（b）集体作品，指相关的材料，构成独立的作品本身，组合成一个集体整体的作品；且

（c）法院，指马来西亚适格的高等法院。

（11）就本条而言，版权人，指版权相关部分的第一所有人或受让人。

第38条 版权排他许可所适用的程序

（1）本条对已被授予排他许可的版权的程序具有效力并在该程序所涉事件发生时生效。

（2）除本条另有规定外，排他被许可人应（除非针对版权人）拥有相同的诉讼权并有权获得相同救济。根据第 37 条的规定，该许可如同是权利转让，而且该等权利和救济应与版权人在该条项下的权利和救济同时存在。

（3）由版权人或排他许可人根据第 37 条提起诉讼，而该诉讼与其根据该条同时拥有诉讼权的侵权行为（全部或部分）有关的，除非另一方在诉讼中被追加为原告或被告，否则版权人或许可人（视情况而定）无权在根据该条提起的诉讼并与该侵权行为有关的范围内继续进行该诉讼。但本款不影响根据其中任何一方的申请授予中间禁令。

（4）在排他许可人根据本条提起的任何诉讼中，如果本条尚未颁布且该诉讼是由版权人提起的，则被告在诉讼中本可利用的任何抗辩均可针对排他许可人提出。

（5）在第（3）款所述情况下提出诉讼且版权人及排他许可人并非该诉讼中原告的，法院在评定该款所述任何侵权行为的损害赔偿时：

（a）如果原告是排他许可人，应考虑该许可所应承担的任何责任（许可使用费或其他方面的责任）；

（b）无论原告是版权人还是排他许可人，均应考虑根据第 37 条就该侵权

行为判给另一方的任何金钱救济或（视情况而定）根据该条可就该项侵权行为向另一方行使的任何诉讼权利。

（6）根据第37条提出的诉讼与版权人和排他许可人根据该条同时享有诉讼权利的侵权行为（全部或部分）有关，且在该条中（不论他们是否属该条的双方）指示就该项侵权行为计算利润的，则根据法庭所知的在版权人和排他许可的许可人之间确定这些利润的分配的任何协议，法庭须按其认为公正的方式在他们之间分摊利润并应发出适当的命令以使该项分摊生效。

（7）在版权人或排他许可人提起的诉讼中：

（a）如已根据第37条就同一侵犯版权行为作出最终判决或命令而将利润判给另一方的，不得根据第37条作出就侵犯版权行为支付损害赔偿或法定损害赔偿的判决或命令；且

（b）如已根据该条就同一侵权行为作出最终判决或命令而判给另一方损害赔偿、法定损害赔偿或清算利润的，不得根据该条就侵犯版权行为作出清算利润的判决或命令。

（8）根据第（3）款所述情况提起的诉讼中，不论是由版权人还是由排他许可人提起，另一方并非作为原告（无论是在诉讼开始时或其后）而是作为被告加入的，除非其出庭并参与诉讼程序，否则不承担诉讼的任何费用。

（9）就本条而言，下列表述：

排他许可，指由版权人或未来版权人或其代表授予的许可，授权被许可人行使根据本法（除许可外）专属于版权人的权利，而且排他许可人应作相应解释。

如果许可是转让，则指在许可授权的地点和时间实施许可授权的行为，但就其或其对该行为的适用而言，实质上不是许可而是版权转让（符合与授予许可时的条款和条件尽可能接近的条件）。

就版权人而言，指排他许可人；就排他许可人而言，指版权人。

第39条　限制进口侵权复制品

（1）任何作品的版权人或其授权的任何人均可向局长提出申请，要求在申请书中指定的期限内将本条适用的作品的复制品认定为侵权复制品。

（1A）根据第（1）款提出的申请：

（a）应采用规定的形式；

（b）应声明其中所列之人是版权人；且

（c）应附有规定的文件及资料，支付规定的费用。

（2）本条适用于在马来西亚境外的、未经作品版权人的同意或许可制作的作品的任何复制品。

（2A）在收到根据第（1）款提出的申请后，局长应确定该申请并应在合理期间内以书面形式通知申请人有关申请是否已获批准，并指明有关复制品应被认定为侵权复制品处置的期间。

（3）局长批准申请且该申请未被撤回的，在局长通知规定的期限内禁止进口任何侵权复制品至马来西亚；

但本款不适用于任何人为其私人和家庭用途进口任何复制品。

（4）根据第 1082 号法律废除。

（5）局长应要求根据第（1）款提出申请的任何人：

（a）支付局长认为足以免除政府任何责任或费用的保证金，以支付由于在局长通知中规定的期限内的任何时间扣留任何侵权复制品，或由于对被扣留的复制品所做的任何事情而可能产生的费用。

（b）无论是否提供保证，均须弥补局长承担的就（a）项所述的任何法律责任或开支。

（6）任何助理局长、不低于督察级别的警官或任何海关官员无论是否有依据第（1）款提出申请，均可搜查和扣押任何被禁止进口到马来西亚的侵权复制品。

（7）每当根据本条扣押任何侵犯版权复制品时，检取人员须立即将该项扣押及其理由以书面通知告知该等侵犯版权复制品的所有人，且如告知该所有人，则须将该通知亲自交付该所有人或以邮递方式送达该所有人的住所；

但如果扣押是当面或者是在侵权人或货主或其代理人在场的情况下进行的，或者是在船只或飞机的船长或驾驶员（视情况而定）在场的情况下进行的，则不需要发出这种通知。

（8）对侵权复制品应予没收，如同其为海关有关法律所禁止的货物一样。

（9）部长可为实施本条制定他认为必要或适宜的规定。

第 39A 条　第 36 条、第 37 条、第 38 条和第 39 条对表演者权利的适用
第 36 条、第 37 条、第 38 条和第 39 条应参照适用表演者权利。

第 40 条　计算机程序的备份

（1）即使有任何明示合同条件，以计算机程序形式出现的文学作品的复制品或进行该作品改编的计算机程序的复制在下列情况中并不侵犯该作品的版权：

（a）复制是由该复制品（在本条中被称为"原件"）的所有人或其代表进行的；且

（b）复制的目的只是在原件丢失、毁坏或无法使用的情况下由原件所有人或代表原件所有人使用，以代替原件。

（2）第（1）款不适用于复制计算机程序或改编计算机程序：

（a）来自计算机程序的侵权复制品；或

（b）违反计算机程序版权人或其代表在不迟于原件所有人获得原件时向其发出的明确指示。

（3）就本条而言：

（a）凡提及计算机程序或计算机程序改编版本的复制品，即提及以实物形式复制该计算机程序或改编版本；且

（b）凡提及与计算机程序的复制品或计算机程序的改编版本有关的明示指示，包括提及印刷在该复制品或提供该复制品的包装上的清晰可读指示。

第 41 条　犯　　罪

（1）在版权或表演者权存续期间：

（a）为销售或出租任何侵权的复制品而制作；

（b）销售、出租或以商业方式销售、为销售而展示或提供或出租任何侵权复制品；

（c）发行侵权复制品；

（d）占有、保管或控制任何侵权复制品，但供私人及家庭使用的除外；

（e）通过商业方式公开展示任何侵权复制品；

（f）将侵权复制品进口至马来西亚，但供其私人和家庭使用者除外；

（g）制造或占有任何曾用于或拟用于制造侵权复制品的发明工具；

（h）规避、导致或授权规避第 36A 条第（1）款所述的任何有效技术措施；

（ha）为规避第 36A 条第（3）款所述的技术保护措施而制造、进口、销

售或出租、为销售或出租而展示、登广告销售或出租，或持有或分发任何技术或装置；

（i）未经授权而移除或更改第 36B 条所述的任何电子版权管理信息；或

（j）未经授权而发行、进口或向公众传播电子权利管理信息已被删除或更改的作品或作品复制品，除非能够证明是善意的，且没有合理理由预期可能侵犯版权或表演者权，否则即属犯罪，一经定罪，须负法律责任：

（ⅰ）如果有（a）项至（f）项所述犯罪行为的，就每份侵权复制品将被处以不少于 2000 林吉特但不超过 2 万林吉特的罚金，或被处以不超过 5 年的监禁，或两者并处；针对随后的任何犯罪行为，就每份侵权复制品将被处以不少于 4000 林吉特但不超过 4 万林吉特的罚金，或被处以不超过 10 年的监禁，或两者并处；

（ⅱ）如果有（g）项和（ha）项所述犯罪行为的，就每项犯罪行为将被处以不少于 4000 林吉特但不超过 4 万林吉特的罚金，或被处以不超过 10 年的监禁，或两者并处；针对随后的任何犯罪行为，就每项犯罪行为将被处以不少于 8000 林吉特但不超过 8 万林吉特的罚金，或被处以不超过 20 年的监禁，或两者并处；

（ⅲ）如果有（h）项、（i）项、（j）项和（k）项所述犯罪行为的，将被处以不超过 25 万林吉特的罚金或不超过 5 年的监禁，或两者并处；针对随后的任何犯罪行为，将被处以不超过 50 万林吉特的罚金或不超过 10 年的监禁，或两者并处；

（k）在未经授权的情况下，向任何其他人提供或分享任何作品或作品副本的在线位置。

（2）就第（1）款（a）项至（f）项而言，任何人如占有、保管或控制同一形式的作品或记录的 3 份或多于 3 份的侵犯版权复制品的，除非相反证明成立，否则须被推定为占有或进口该等复制品，而非供私人或家庭使用。

（3）公开表演文学或音乐作品、录音或电影的，即属本款规定的犯罪，除非够证明出于善意且没有合理理由认为版权将或可能因此受到侵犯。

（4）法人团体或公司的合伙人犯本条所述犯罪行为的，每位董事、首席执行官、首席运营官、秘书、经理或其他类似高级人员或该公司的每名其他合伙人，或声称是以任何此等身份行事或以任何方式或在任何程度上负责管理该法人团体或公司的事务或协助此类管理的人，除非能证明该犯罪行为是在未经其同意或纵容的情况下发生且其已尽一切努力防止该犯罪行为发生的，否则应被视为犯有该犯罪行为，并可在同一法律程序中与该法人团体或公司被单独或共同起诉。

第41A条　罪行的复合

（1）经检察官批准，部长可制定条例，规定：

（a）对本法和根据本法制定的任何附属立法所规定的任何罪行均可予以复合处罚；和

（b）复合处罚此类罪行的方法和程序。

（2）局长、副局长或任何经局长书面授权的人，在征得检察官书面同意后，可在提出公诉前的任何时间对任何罪行进行和解。该和解方式是，向犯罪嫌疑的人发出书面提议，要求其在书面提议规定的时间内向局长、副局长或任何经局长书面授权的人支付一笔不超过该犯罪嫌疑人如果被判有罪将被处以的最高罚款金额50%的款项，支付后可不予起诉。

（3）第（2）款规定的书面提议可在罪行发生后，就该罪行提起公诉之前的任何时间作出。如果书面提议中载明的款项未在该提议规定的时间内或局长、副局长或局长书面授权的任何人可能给予的延长时间之内被支付，则可在到期后的任何时间对接受书面提议的犯罪嫌疑人提起公诉。

（4）一项罪行已根据第（2）款不予起诉的，不得就该罪行对收到不予起诉提议的人又提出公诉，并且局长、副局长或任何经局长书面授权的人可以没收或归还与该罪行有关的任何物品、车辆、图书、文件、副本或设备，但须符合局长、副局长或任何经局长书面授权的人认为适当的条件。

（5）局长、副局长或任何经局长书面授权的人根据本条收到的所有款项均应存入联邦统一基金并构成该基金的一部分。

第42条　可以作为证据的宣誓书

（1）在任何有权进行宣誓的人面前作出的宣誓、第26B条所述版权登记册的核证摘录或法定声明，声称：

（a）根据本法有资格获得版权保护的任何作品的版权声明：

（ⅰ）在指定的时间内，该作品的版权仍然存在；

（ⅱ）该人或其中指明的人为版权人；且

（ⅲ）附件所载作品的复制品为其真实复制品；或

（b）符合本法规定享有表演者权利的表演者，声明：

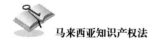

（ⅰ）在指定的时间，表演者在该表演中享有的权利仍然存在；

（ⅱ）该人或其中提到的人为表演者；且

（ⅲ）所附文件的复制品是证明他或其中指定的人在表演中表演的文件，应可作为根据本法进行的任何诉讼的证据，并应是其中所载事实的初步证据。

（2）为实施第（1）款而获授权代表版权人或表演者行事的人，须出示书面授权书。

（3）根据第 1082 号法律废除。

第 43 条　惩　　罚

犯有本法或根据本法制定的任何条例所规定的罪行，但未规定特别处罚的，一经定罪，将被处以不少于 1 万林吉特但不超过 5 万林吉特的罚金或不超过 5 年的监禁，或两者并处。

第 6A 章　反盗录

第 43A 条　与反盗录有关的犯罪

（1）在放映室使用视听记录装置对影片全部或部分录制的，即属犯罪，一经定罪，将被处以不少于 1 万林吉特但不超过 10 万林吉特的罚金或 5 年以下的监禁，或两者并处。

（2）犯有第（1）款所述罪行未遂的，一经定罪，将被处以不少于 5000 林吉特但不超过 5 万林吉特的罚金或 1 年以下的监禁，或两者并处。

（3）就本条而言：

视听记录装置，指能够记录或传送电影或其任何部分的任何装置；

放映室，指用作放映或放映电影的任何场地。

第 6AA 章　流媒体技术

第 43AA 条　与流媒体技术有关的犯罪

（1）任何人不得通过下列方式侵犯或帮助侵犯任何作品的版权：

（a）制造用于销售或出租的流媒体技术；

（b）进口流媒体技术；

（c）在经营过程中销售或出租、提供、为销售或出租而展示或登广告、持有或分发流媒体技术；

（d）为业务以外的目的分发流媒体技术，以至于对版权人造成损害性影响；或

（e）向公众发放或提供流媒体技术的任何服务。

（2）任何人违反第（1）款的规定的，即构成犯罪，一经定罪，可被处以不少于1万林吉特但不超过20万林吉特的罚款或不超过20年的监禁，或二者并罚。

（3）法人团体或公司的合伙人犯下本条所述犯罪行为的，每位董事、首席执行官、首席运营官、秘书、经理或其他类似高级人员或该公司的每名其他合伙人，或声称是以任何此等身份行事或以任何方式或在任何程度上负责管理该法人团体或公司的事务或协助此类管理的人，均应被视为犯有该犯罪行为并可在同一法律程序中与该法人团体或公司被单独或共同起诉，除非能证明该犯罪行为是在未经其同意或纵容的情况下发生的，且其已尽一切努力防止该犯罪行为发生。

（4）就本条而言，"流媒体技术"包括被部分或全部使用而导致侵犯作品版权的计算机程序、设备或组件。

第6B章　服务提供者的责任限制

第43B条　解　　释

就本章而言：

另一网络，指能够与主要网络连接的任何类型的网络。

法院，指马来西亚适格的高等法院。

电子复制品，就任何作品而言，指电子形式的作品复制品并包括该形式作品在网络上的原始版本。

来源网络，指电子复制品来源的另一网络。

主要网络，就服务提供者而言，指由服务提供者控制或经营或为服务提供者经营的网络。

路由，指指导或选择传输数据的手段或路线。

服务提供者：

（a）就第43C条而言，指提供与数据访问、传输或路由选择有关的服务或提供连接的人；且

（b）就本章而言，除第43C条外，指为在线服务或网络访问提供或运营

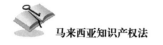

设施的人，包括（a）项所述的人。

第 43C 条　传输、路由选择和提供连接

（1）服务提供者因下列原因而侵犯任何作品的版权的，不负任何法律责任：

（a）服务提供者通过其主要网络传输或路由选择作品的电子复制品或提供连接；或

（b）在此类传输、路由选择或提供连接的过程中，服务提供者临时储存该作品的电子复制品，但是：

（A）作品电子复制品的传输是由服务提供者以外的人发起或在其指示下进行的；

（B）传输、路由选择、提供连接或存储是通过自动技术程序进行的，服务提供者没有对作品的电子复制品进行任何选择；

（C）服务提供者不选择作品电子复制品的接收者，除非是对他人请求的自动回应；或

（D）服务提供者在通过主要网络传输作品的电子复制品期间，除作为技术过程的一部分所作的修改外，不对其内容作任何修改。

（2）侵权材料已被识别为来自马来西亚以外的在线位置或来自指定账户，而法院如确信第（1）款适用于该服务提供者的，法院可命令该服务提供者：

（a）采取合理措施，禁止访问位于马来西亚境外的在线位置；或

（b）终止指定账户。

第 43D 条　系统缓存

（1）服务提供者在其主要网络上制作作品的任何电子复制品，存在下列情况的，不承担侵犯版权的责任：

（a）制作从原始网络上提供的作品的电子复制品；

（b）通过自动程序；

（c）响应其主要网络用户的操作；或

（d）以方便使用者有效地取得作品，但是：

（A）服务提供者在向其主要网络或其他网络的用户传输电子复制品的过程中，除了作为技术过程的一部分进行的修改外，不对该复制品的内容进行任何实质性的修改；且

（B）服务提供者满足部长可能就下列事项确定的其他条件：

（ⅰ）其主要网络或其他网络的用户获取电子复制品；

（ⅱ）刷新、重新加载或更新电子复制品；且

（ⅲ）不干扰原始网络用于获取关于使用其上任何作品的信息的技术，且这些技术符合马来西亚的行业标准。

（2）版权人或其代理人没有根据第 43H 条发出任何通知的，服务提供者无须根据本条承担法律责任。

第 43E 条　存储和信息定位工具

（1）服务提供者如因下列原因而侵犯任何作品版权的，不承担任何侵权责任：

（a）按照其主要网络用户的指示存储作品的电子复制品；

（b）服务提供者将用户推荐或链接到原始网络上的在线位置，在该位置通过使用信息定位工具，例如超链接或目录，提供作品的电子复制品或搜索引擎等信息定位服务，如果：

（ⅰ）服务提供者：

（A）实际上并不知悉有关作品的电子复制品是侵权的；或

（B）在不知道这种实际情形的情况下，不知道侵权活动相关的明显事实或情况；

（ⅱ）服务提供者在其主要网络或其他网络上提供电子复制品时或在提供电子复制品的过程中，没有直接因侵犯版权而获得任何经济利益，而且服务提供者没有权利和能力控制侵权活动；且

（ⅲ）在收到根据第 43H 条发出的任何侵权通知后，服务供应者在规定的时间内作出答复，删除或禁止访问通知中所称的侵权或侵权活动所涉及的材料。

（2）在确定所获得的经济利益是否直接归因于侵犯作品的版权时，法院应考虑下列因素：

（a）与服务提供者收取服务费有关的行业惯例；

（b）财务收益是否大于根据公认的行业惯例收费通常会带来的收益；和

（c）法院认为相关的其他事项。

（3）版权人或其代理人没有根据第 43H 条发出任何通知的，服务提供者无须根据本条承担法律责任。

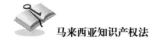

第 43F 条　免除服务提供者从网络中删除复制品或其他活动的责任

（1）根据第 43H 条第（1）款及本章就下列事项善意采取行动的服务提供者，不承担任何法律责任：

（a）从其主要网络中删除作品的电子复制品；或

（b）在主要网络或其他网络上禁止访问作品的电子复制品。

（2）在根据第（1）款删除或禁用访问某个作品的电子复制品时，服务提供者应在可行的范围内通知提供电子复制品的人并附上其根据第 43H 条第（1）款收到的通知文本。

（3）尽管有任何相反规定，但是如果：

（a）由于作品的版权人与提供该作品电子复制品的人达成和解，服务提供者收到任何一方书面通知，要求将该电子复制品恢复到网络或恢复对该电子复制品的访问；或

（b）提供该作品电子复制品的人被任何法院或裁判所裁定为该作品的合法版权人，则服务提供者须在切实可行的范围内：

（A）将作品的电子复制品恢复至其主要网络；或

（B）在其主要网络或其他网络上恢复对作品电子复制品的访问；

但服务提供者须获得与各方之间的和解或法院或裁判所的判决或决定有关的适当文件。

（4）不得仅因为服务提供者提供了某人用于实施侵权行为的设施而将服务提供者视为授权实施本法规定的侵犯版权的行为。

第 43G 条　服务提供者的信息

（1）在向用户提供服务时，服务提供者应以使用该服务的任何人都可获得的方式提供下列信息：

（a）服务提供者的名称和地址；且

（b）接受有关侵犯版权投诉或通知的指定代理人的详细资料和细节。

（2）服务提供者未遵守第（1）款的，无权获得根据本部分提供的保护。

第 43H 条　版权人的通知及其效力

（1）在网络中可获取的任何作品电子复制品侵犯作品版权的，版权人可以以部长确定的方式通知网络服务提供者该侵权行为，要求服务提供者删除

或禁用对服务提供者网络上的电子复制品的访问；

但版权人应承诺赔偿服务提供者或任何其他人因服务提供者遵守该通知而引起的任何损害、损失或责任。

（2）根据第（1）款收到通知的服务提供者，应在收到通知后 48 小时内删除或禁止在其网络上访问侵权电子复制品。

（3）作品的电子复制品被删除或根据第（2）款被禁止访问的人，可以按照部长可能确定的方式向服务提供者发出反通知，要求服务提供者在其主要网络上恢复电子复制品或对其的访问；

但该人须承诺就该服务提供者遵从该反通知而引致的任何损害、损失或责任向该服务提供者或任何其他人作出赔偿。

（4）服务提供者应：

（a）在收到反通知后，立即向第（1）款规定的通知发布者提供回复通知的副本，并通知该发布者被删除的材料或对所述材料的访问将在 10 个工作日内被恢复；且

（b）在收到回复通知后不少于 10 个工作日内恢复被删除的材料或对其的访问，除非服务提供者已收到根据第（1）款规定通知的发布者的另一份通知，表明其已提起诉讼并寻求法院命令以限制根据第（3）款规定的回复通知发布者从事与服务提供者网络上的材料相关的任何侵权活动。

（5）应向服务提供者的指定代理人发出载有下列资料的回复通知：

（a）用户的物理或电子签名；

（b）已被删除或已被禁止访问的材料的标识，以及该材料在被删除或被禁止访问之前的位置；

（c）一份可处以伪证罪的陈述，说明回复通知发布人善意地相信该材料是由于错误，或错误地识别将被删除或禁用的材料，而被删除或禁用的；和

（d）发布人的姓名、地址、电话号码和声明，表明发布人同意该地址所在法院的管辖权，或如果发布人的地址在马来西亚境外，在那里可以找到服务提供者，并且用户将接受来自根据第（1）款提供通知的人或其代理人的诉讼程序的送达。

第 43I 条　发布虚假通知的人构成犯罪并须承担损害赔偿责任

（1）根据第 43H 条发布通知的人作出任何虚假通知且其明知该通知的内容为虚假，该通知涉及通知对象的重要利益的：

（a）即属犯罪，一经定罪，可处以 10 万林吉特以下的罚金或 5 年以下的监禁，或两者并处；且

（b）对于任何人因发出的通知而遭受任何损失或损害，应负赔偿责任。

（2）无论该声明是否在马来西亚作出，第（1）款都应适用。如果一个人在马来西亚境外作出声明，则可根据第（1）款（a）项对其进行处理，如同该罪行是在马来西亚犯下的。

第 7 章　强制执行

第 44 条　通过授权或其他方式作出

（1）向裁判官提供信息并宣誓，表明有合理的理由怀疑在任何房屋或处所内有任何侵权复制品或任何用于、拟用于或能够用于制作侵权复制品的装置、物品、车辆、图书或文件，或通过这些装置、物品、车辆、图书或文件犯下第 41 条所述任何罪行。裁判官应亲自签发授权令。凭此授权令，任何助理局长或授权令中提到的不低于督察级别的警官可在白天或晚上任何合理的时间进入该房屋或处所，搜查并扣押任何此类复制品、装置、物品、车辆、图书或文件。

但如果助理局长或不低于督察级别的警官根据收到的信息而有合理的理由相信，由于延迟获得搜查令，用于实施或将用于实施本法规定的罪行的任何复制品、装置、物品、车辆、图书或文件可能被移走或销毁，则其可以在没有授权令的情况下进入该房屋或处所并从其中扣押任何此类复制品、装置、物品、车辆、图书或文件。

（1A）根据第（1）款进入任何房屋或处所的助理局长或级别不低于督查的警官，可带着他认为必要的其他人员和设备。在他离开所进入的任何房屋或处所时，如果该房屋或处所无人居住或居住者暂时不在，则他应有效地保护该房屋或处所不受侵入者侵犯，如同其尚未进入该房屋一样。

（2）进行搜查的助理局长或不低于督察级别的警官可查封任何侵权复制品、疑似的侵权复制品、用于或拟用于或能够用于制作侵权复制品的装置，或任何其他物品、车辆、图书或文件。如果任何此类复制品、装置、物品、车辆、图书或文件被查封，则他应向裁判官出示。在出示后，裁判官应指示将其交由局长或助理局长或警察保管，以便根据本法进行任何调查或起诉。

但如果在任何此类查封中，由于其性质、大小或数量，因此在裁判官面

前出示由局长或助理局长或警察保管的此类复制品、装置、物品、车辆、图书或文件是不实际的，则就本款而言，向裁判官报告该项查封即可。

（3）如果由于其性质、大小或数量，因此从发现它们的地方移走助理局长或不低于督查级别的警官所查封的物资或文件是不切实际的，而且助理局长或警官已根据第47条将其封存在发现它们的房屋或货柜中，则如要根据第（2）款在裁判官席前出示，则只需向裁判官报告查封物品或让裁判官在该处所或货柜内观看即可。

第45条　实施进入、移送及扣留

任何助理局长或不低于督察级别的警官，如有需要，叵根据第44条行使其权力：

（a）打开住宅或伯何其他处所的外门或内门并进入其中；

（b）强行进入该场所及其各部分；

（c）用武力消除他有权实施的，影响其进入、搜查、查封和清除的任何妨碍；且

（d）扣留在该场所发现的每个人，直到该场所被搜查完毕。

第45A条　计算机化或数字化数据的访问

（1）任何助理局长或不低于督察级别的警官在行使第44条所赋予的权力时，如有必要，有权访问存储在计算机或伯何其他介质中的计算机化或数字化数据。

（2）就本条而言，访问包括提供必要的密码、加密代码、解密代码、软件或硬件以及任何其他能够理解计算机化数据所需的手段。

第46条　查封物品清单

（1）助理局长或不低于督察级别的警官根据本部分的规定查封任何侵权复制品、疑似侵权复制品、装置、物品、车辆、图书或文件的，应编制一份被查封物品的清单并立即将一份由他签名的清单副本交给居住者或其代理人或在场的雇员。

（2）如果房屋无人居住，则助理局长或不低于督察级别的警官应尽可能在该处张贴一份被扣押物品的清单。

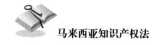

第 47 条　查封物品

如果助理局长或不低于督察级别的警官认为，由于其性质、大小或数量，因此将其在根据本法扣押的任何物资或文件从发现地移走是不实际的，则他可以用任何方式将这些物品或文件封存在发现它们的处所或货柜中。任何人在没有合法授权的情况下打破、篡改或破坏这种封存状态或拿走这些物资或文件，或试图这样做，即属犯罪。

第 48 条　妨碍搜查等

任何人如果有下列情况，则属于妨碍搜查：

（a）拒绝助理局长或不低于督察级别的警官进入任何地方；

（b）攻击、阻挠、阻碍或拖延任何助理局长或不低于督察级别的警官执行他根据本法有权执行的事项或履行、行使本法规定的任何职责或权力；

（c）拒绝向任何助理局长或不低于督察级别的警官提供与本法所规定的犯罪或涉嫌犯罪有关的任何资料，或任何可能合理地要求他提供并且他知道或有权提供的任何其他信息；

（d）为了欺骗执行本法的规定的任何公职人员，或为了促成或影响其作出或不作出与本法有关的任何事情，故意提供任何虚假资料或作出任何虚假陈述并且明知或相信该等资料或陈述是虚假的；

（e）在第 42 条第（1）款所述宣誓或法定声明中作出任何虚假陈述并且明知或相信其是虚假的，涉及根据第 42 条第（1）款作出或使用宣誓书或声明的对象的任何关键点，即属犯罪；或

（f）明知或有理由相信已经发生犯罪，出于使罪犯免受法律惩罚的意图，或在明知自己有可能使罪犯免受法律惩罚的情况下使犯罪证据消失，或者提供与该犯罪有关的明知或相信是虚假的信息。

第 49 条　瑕疵的授权令仍然有效等

根据本法发出的授权令，无论在授权令或授权令申请中有任何缺陷、错误或遗漏，均应有效并可执行。根据该授权令扣押的任何复制品、装置、物品、车辆、图书或文件应在根据本法进行的任何诉讼中可被作为证据使用。

第50条　调查权

（1）任何助理局长或不低于督察级别的警官均有权调查本法或根据本法制定的附属法律规定的任何犯罪行为。

（2）任何助理局长或不低于督察级别的警官，在对本法或根据本法制定的附属法律规定的任何犯罪行为进行调查时，行使刑事诉讼法（第593号法律）规定的与警察调查可扣押案件有关的特别权力。

第50A条　逮捕权

（1）任何助理局长均可以在没有逮捕证的情况下逮捕任何其有理由相信已经或正试图犯下根据本法或根据本法制定的附属法律规定的可逮捕罪行的人。

（2）任何根据第（1）款进行逮捕的助理局长，须将如此被捕的人交予最近的警务人员，如警务人员不在，则须将该人带到最近的警署，而不得有不必要的延误；其后，该人须按当时有效的有关刑事诉讼程序的法律所规定的方式处理，犹如其已被警务人员逮捕一样。

第50B条　截获通信的权力

（1）尽管有任何其他成文法的规定，但是如果检察官认为任何通信可能包含本法或根据本法制定的附属法律规定的与任何犯罪调查有关的任何信息，则检察官可根据助理局长或不低于督查级别的警官的申请，授权该官员截获或收听由任何通信传送或接收的信息。

（2）如任何人被控侵犯本法或根据本法规定的附属法律所规定的罪行，则助理局长或警务人员根据第（1）款所取得的任何资料，不论在该人被控之前或之后，在审讯时均可被接纳为证据。

（3）检察官根据第（1）款作出的授权可以口头或书面方式作出；但如果口头授权，检察官应在切实可行的情况下尽快将其转为书面授权。

（4）检察官出具证明，证明助理局长或警官根据第（1）款采取的行动是由他授权的，该证明可被作为该行动已获授权的确凿证据，并且无须证明他在该证明上的签字。

（5）任何人不得有任何责任、义务或法律责任，或以任何方式被强迫，在任何程序中披露根据第（1）款作出的任何事情的程序、方法、方式或手段

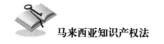

或与之有关的任何事项。

第51条　陈述的可接受性

（1）即使任何成文法有相反的条文，如果某人被控犯有本法所规定的罪行，则无论该陈述是否构成供词，亦无论该陈述是口头的还是书面的，无论在该人被指控之前还是之后，无论是否在根据本法进行调查的过程中，无论是否全部或部分地回答助理局长或不低于督察级别警官的问题，无论是否由助理局长、不低于督察级别的警官或任何其他与案件有关或无关的人向他解释，不低于督察级的警务人员或与案件有关的任何其他人在审讯时的陈述均可被接纳为证据；而如该人自称为证人，则任何该等陈述均可被用于盘问及质疑其信用：

（a）但在下列情况下，该陈述不得被采纳或用作上述用途：

（ⅰ）在法庭看来，陈述似乎是由于任何涉及对该人提出指控的引诱、威胁或承诺而作出的，而且法庭认为该引诱、威胁或承诺足以使该人有理由相信，因此通过作出陈述，他将在对其提出的诉讼中获得任何好处或避免任何暂时性的不利情况；或

（ⅱ）就该人在被捕后作出的陈述而言，除非法庭相信他已被用下列词语或类似的词语警告过：

"我有责任警告你，你没有义务说任何话或回答任何问题，但你所说的任何话，无论是否回答问题，都有可能被作为证据"；且

（b）如及时受到警告，任何人在来不及警告他之前所作的陈述，不得仅因为他没有受到警告而被视为不可接受的证据。

（2）即使任何成文法条文有相反的规定，被控犯有第（1）款所适用的罪行的，在被警告后无须回答与该个案有关的任何问题。

第51A条　密探提供的证据可予采用

（1）即使任何成文法或法律规则有相反的规定，如果企图教唆或教唆的唯一目的是取得不利于该人的证据，则任何密探不得仅因其企图教唆或教唆任何人侵犯本法所规定的罪行而推定其不值得信任。

（2）即使有相反的成文法或法律规定，任何其后被控犯本法所规定罪行的人向密探所作的任何陈述，不论是口头或书面的，在其审判中均可被作为证据。

第51B条　试　　购

助理局长可指示版权人或任何授权代表版权人行事的人员，为确定本法的规定是否得到遵守而对任何商品进行试购。

第52条　信息披露

向任何其他人披露他根据本法获得的任何信息的，即属犯罪，但在履行本法规定的职能和职责的过程中或为了履行这些职能和职责而进行的披露除外。

第52A条　通风报信

（1）任何人有下列情况，根据本法即属犯罪：

（a）知道或有理由怀疑助理局长或不低于督察级别的警官正在或拟在与根据本法或为本法目的而进行的调查有关的情况下采取行动，并向任何其他人员披露可能损害该调查或拟进行的调查或任何其他事项的；或

（b）知道或有理由怀疑其已根据本法向助理局长或警官披露信息，并向任何其他人披露可能会影响到在披露后可能进行的任何调查或任何其他事项的。

（2）第（1）款并未规定辩护人、律师或其雇员向下列人员披露任何信息或其他事项构成犯罪：

（a）向其当事人或当事人代表提供信息，该信息属于在辩护人和律师的专业工作过程中为当事人提供建议有关的信息；或

（b）在考虑到任何法律诉讼或与之有关的情况下，向任何人披露。

第52B条　助理局长要求提供资料的权力

（1）如果助理局长在根据本法进行调查时有理由认为任何人有下列情况，则适用本条：

（a）拥有与助理局长履行本法规定的权力和职能有关的任何信息或任何文件；或

（b）能够提供助理局长有理由认为与其履行本法规定的助理局长权力和职能有关的任何证据，

（2）即使任何其他成文法有任何规定，助理局长仍有权可以书面通知要

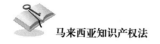

求任何人：

（a）在通知规定的期限内以通知规定的方式和形式向助理局长提供第（1）款所述的任何信息或文件；

（b）在通知规定的期限内以通知规定的方式向助理局长出示第（1）款所述的任何信息或文件，无论是以实物形式还是电子形式；

（c）复制或摘录第（1）款所述的任何文件，并在通知规定的期限内按通知规定的方式向助理局长出示这些文件的副本或摘录；

（d）如果被通知对象是个人，则须在通知中指定的时间和地点到助理局长处以口头或书面形式提供任何信息，并出示第（1）款中提及的任何文件，无论是以实物形式还是电子形式；

（e）如果被通知对象是法人团体或公共机构，则须安排该机构的相关主管人员在通知中指定的时间和地点到助理局长处以口头或书面形式提供任何信息，并出示第（1）款中提及的任何文件，无论是以实物形式还是电子形式；

（f）如果被通知对象是合伙企业，则须安排作为该合伙企业合伙人的个人或该合伙企业的雇员在通知中指定的时间和地点到助理局长处以口头或书面形式提供任何信息，并出示第（1）款中所提及的任何文件，无论是以实物形式还是电子形式；或

（g）在通知中规定的期限内按照通知规定的方式和形式向助理局长提交陈述，就第（1）款中提及的任何信息或文件作出解释。

（3）如果助理局长根据第（2）款要求任何人出示任何文件，而该文件并非由该人保管，则该人须：

（a）据其所知所信，说明该文件可在何处被找到；和

（b）根据其所知所信，指明最后保管该文件的人，并根据其所知所信，说明可在何处找到该人。

（4）根据第（2）款或第（3）款被要求提供信息的任何人应确保所提供的信息真实、准确和完整。该人应为此提供明确的陈述，该陈述应包括声明他不知道有任何会导致其所提供的信息不真实或具有误导性的其他信息。

（5）任何人拒绝或不遵守助理局长根据本条发出的指示，即属犯罪。

第53条　提出检控

非经检察官提出或经检察官书面同意，不得对本法规定的任何罪行提出起诉。

第 54 条　没收物品

（1）根据本法扣押的任何物品、车辆、图书、文件、复制品或发明物应被予以没收。

（2）无论被审判人是否被定罪，审判根据本法被控犯罪的人的法庭可以在审判结束时处理从该人那里扣押的物品、车辆、图书、文件、复制品或装置，或在涉及侵权复制品的情况下，将其交给版权第一所有人、其受让人或排他许可人（视情况而定）。

（3）在行使本法赋予的权力时没有对扣押的任何物品、车辆、图书、文件、复制品或装置提出起诉的，除非在该日之前按下述方式提出要求，否则自扣押之日起 1 个日历月届满时，该物品应被扣押并视为被没收。

（4）声称自己是根据本法扣押的任何物品、车辆、图书、文件、复制品或装置的所有人，认为该等物品不应予以没收的，可亲自或由其书面授权的代理人向助理局长发出书面通知，说明其要求。

（5）助理局长收到根据第（4）款发出的通知后，应将该通知转交局长。局长可在进行必要的调查后，指示放弃或没收该物品、车辆、图书、文件、复制品或装置，或将有关事项提交法院裁决。

（6）受理案件的法院应发出传票，要求声称自己是该物品、车辆、图书、文件、复制品或装置的所有人的人及该些被没收的人出庭，且不论该人是否出庭，法院应证明其传票已被送达。法院应审查此事并证明犯了依照本法或根据本法制定的附属法律规定的犯罪行为，而如果认定该物品、车辆、图书、文件、复制品或装置是犯罪行为的标的物或被用于犯罪行为，则应下令将其没收。在无法证明犯罪行为的情况下，可下令将该物品、车辆、图书、文件、复制品或装置返还给有权获得的人。

（7）没收或被视为没收的任何物品、车辆、图书、文件、复制品或装置均须被交付局长。局长应以其认为适当的方式处理或交付有关的版权人、受让人或排他被许可人（视情况而定）。

第 55 条　按比例查验被扣押的物品

（1）对于已扣押的装有涉嫌侵权的或因其他原因而可被扣押的复制品的包裹或容器，仅需打开并检查每个被扣押包裹或容器内装物的 1/100 或任何 5 份复制品（以较低者为准）即可。

（2）法院应推定包裹或容器中剩余的复制品与所检查的复制品具有同样的性质。

第56条　保护举报人不被发现

（1）除下文另有规定外，任何民事或刑事程序中的证人均无义务或被准许披露举报人的姓名或地址或从举报人那所收到的信息的内容和关键点，或陈述可能导致就举报人被发现的任何事项。

（2）在民事或刑事程序中作为证据或可供检查的任何记录、文件或文书中含有任何记录，其中提到或描述了举报人的信息或可能导致他被发现的，法院应将所有此部分隐藏或删除，但仅限于在保护举报人不被发现所必需的范围内。

（3）在对违反本法或根据本法规定的任何附属法律的任何犯罪进行审判时，法院在对案件进行充分调查后，认为举报人在其陈述中非法作出了他明知或相信是虚假的重要陈述，或在其他任何程序中，法院发现如果没有揭露举报人就不能在当事人之间充分实现公平，则法院应合法地要求出示原始举报内容（如是书面）并允许查询以及对有关举报人信息的充分披露。

第57条　对助理局长和警务人员的保护

助理局长或不低于督察级别的警官为实施本法而命令或采取任何行动的，不得在任何法院对其提出、提起或维持诉讼或指控。并且，对于任何其他人根据助理局长或不低于督察别的警官为上述目的发出的命令、指示或指令所作的或被声称所作的任何行为，不得在任何法院对其提起诉讼或指控；

前提是该行为是出于善意并合理地认为对其所要达到的目的是必要的。

第8章　其他规定

第58条　根据第952号法律废除

第59条　条　例

部长可为执行本法的规定制定条例。

第59A条　扩大本法的适用范围

（1）部长可以制定条例，将本法的任何规定适用于条例中所规定的国家

（在本条中称为"特定国家"）。该国可能是或可能不是版权或表演者权利有关的任何公约或联盟的缔约方或成员（马来西亚是该公约或联盟的缔约方或成员），以确保该等条款：

（a）适用于首次在该特定国家出版的文学、音乐或艺术作品，电影或录音，或文学、音乐或艺术作品的出版版本，如同其适用于首次在马来西亚出版的文学、音乐或艺术作品，电影或录音，或文学、音乐或艺术作品的出版版本；

（b）适用于在条例规定的重要时间是该特定国家的公民或居民的人，如同其在该时间是马来西亚的公民或永久居民；

（c）适用于根据该特定国家法律成立的法人团体，如同其在马来西亚成立并根据马来西亚法律构成或被授予法人资格；

（d）适用于从该特定国家发送的广播，如同其是从马来西亚发送的；

（e）适用」在该特定国家建造的建筑作品或在该特定国家建造的建筑物内的任何其他艺术作品，如同其是在马来西亚建造的或在马来西亚建造的建筑物内的；

（f）适用于每件在特定国家创作的有资格获得版权保护的作品，如同每件有资格获得版权保护的作品都是在马来西亚创作的；

（g）适用于特定国家的衍生作品，如同其是马来西亚的；和

（h）适用于在特定国家进行的表演，如同其是在马来西亚进行的。

（2）第（1）款（a）项中对在特定国家首次出版的作品应包括在其他地方首次出版，但在其他地方出版后 30 日内在该特定国家出版的作品。

（3）根据第（1）款制定的条例可适用本法的规定：

（a）对于马来西亚以外的特定国家，受这些法规可能规定的例外或修改的限制；

（b）一般而言，或与这些条例中可能指定的此类作品或其他主题有关。

（4）在马来西亚成为有关版权或表演者权利的条约的缔约方或公约或联盟的成员之前，根据第（1）款制定的条例可以规定该条例适用于制作的作品或进行的表演，如同其适用于成为成员之后制作的作品或进行的表演（视情况而定）。

（5）在马来西亚成为有关版权或表演者权利的此类条约的缔约方或此类公约或联盟的成员之前，根据特定国家的法律已经到期的作品，根据第（1）款制定的条例不应被解释为恢复任何版权或表演者的权利。

（6）部长不得根据本条制定条例，将本法的任何规定适用于特定国家，

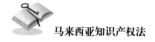

但马来西亚也是缔约方或成员的有关版权或表演者权利的任何条约的缔约方或任何公约或联盟的成员除外。除非部长确信，就这些条款所涉及的作品类别或其他主题而言，该特定国家的法律已经或将要作出规定，从而根据本法给予版权所有者或表演者充分的保护。

（7）仅根据第（1）款制定的规定，在此类规定生效之前创作的作品中存在版权，或者表演者的权利存在于表演中的，在该等条例生效日期前所作的任何事情均不得被视为构成侵犯该等版权或表演者的权利（视属何情况而定）。

第59B条　部长限定广播定义的权力

（1）部长可以通过命令将下列各项排除在有线传输的广播的定义之外：

（a）互动服务；

（b）内部业务服务；

（c）个人家庭服务；

（d）在单一住户处所提供的服务，而非以商业便利的方式提供；

（e）为通过有线方式提供广播服务或为此类服务提供节目的人提供的服务。

（2）部长可以通过命令修改第（1）款，以增加或删除该款中提到的排除的情形。

第59C条　使用费相关争议

（1）法庭可以审理集体管理组织与其任何成员之间产生的有关使用费的任何争议，但须经该集体管理组织和该成员的同意。

（2）法庭应根据第（1）款裁定争议并据此作出命令。

（3）根据第（2）款发出的命令可以无限期生效，或在法庭确定的期限内生效。

第60条　保留条款

（1）本法中的任何内容都不影响包括政府在内的任何人在任何成文法下的任何权利或特权，除非该法律被本法明确废除、修正或修改或与本法不一致。

（2）本法的任何规定均不影响马来西亚政府或任何从政府获得所有权的人销售、使用或以其他方式处理根据海关相关法律没收的物品的权利，包括因本法或被本法废除的任何成文法而被没收的物品。

第61条 废 除

1969年版权法（第10号法律）被废除，但是：

（a）本法任何规定均不影响任何人因本法生效前根据已废除的法令所犯的罪行，或因在该日之前就此类罪行提起的任何诉讼或判刑而受到起诉或惩罚的责任；

（b）任何诉讼程序，不论是民事或刑事程序，或在本法生效前未决或存在的诉讼事由，应根据已废除的法律被继续进行或提起，如同本法尚未制定一样；

（c）根据已废除的法案和任何法律程序（民事或刑事）获得、产生或招致的任何权利、特权、义务或责任，或有关此类权利、特权、义务或责任的补救措施不受影响，并且任何此类法律程序或补救措施均可被根据本法的相关规定提起或执行。

附注1：生效和赔偿（第A1645号法律第19条）*

（1）尽管本法中没有任何关于向局长支付费用的规定，但是局长根据本法第27A条发布的声明所收取和征收的费用应被视为在2012年6月1日至本修正案生效日前一天期间有效征收的费用。

（2）不得就第（1）款所述期间收取的任何费用对马来西亚政府，马来西亚政府的任何官员、公司、公司的任何官员或任何在他们领导下行事的人员提出、提起或进行任何诉讼或法律程序。如果已经提出、提起或进行任何诉讼或法律程序，则应予以解除并使其无效，并且不得退还本法所述的已经收取的费用。

附注2：保留和过渡（第A1645号法律第20条）

（1）在本法生效之日，本法或根据本法制定的任何附属法律中提及的所有"许可机构"均应被解释为"集体管理组织"。

（2）在本法生效之日，根据本法第27A条提出的任何声明申请，如在本法生效之日尚未结案，则应根据修订后的规定处理。

---

* 在马来西亚版权法中，"本法"指2022年修订的马来西亚版权法（第A1645号法律），"主法"指1987年颁布的马来西亚版权法（第332号法律）。此处附注1和附注2均是第A1645号法律对其第27A条新旧条款内容衔接所作的规定。——译者注

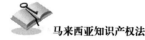

（3）任何在本法生效之前已根据本法第 27A 条第（3）款被宣布为许可机构的申请人，在本法生效日期起的两年内应被视为已被宣布为集体管理组织。

（4）许可机构在本法生效之前根据本法采取的任何行动，自本修正案生效之日起仍然有效，直至被修正、替代、撤销或废除。

专利法

专利法*

(1983 年第 291 号法律，经 2022 年第 A1649 号法律修订，
公布日期：2022 年 3 月 16 日)

第1章 序 言

第1条 简称、生效与适用

（1）本法可引称为 1983 年专利法（2022 年修订），于局长通过官方公报公布指定的日期生效。

（2）本法适用于马来西亚全境。

第2条 适用范围

本法适用于在本法生效后提交的专利申请及针对该申请的专利注册。

第3条 释 义

在本法中，除文义另有所指外：

指定日期，具有 2002 年马来西亚知识产权局法中赋予其的含义；

助理注册主任，指根据第 8 条第（2）款或第（3）款被委任为或者视为被委任为助理注册主任的人；

获授权人，指根据第 68 条获授权的人；

委员会，已废除；

知识产权局，指根据 2002 年马来西亚知识产权局法设立的马来西亚知识产权局；

TRPIS 理事会，是指根据《与贸易有关的知识产权协定》设立的理事会；

法院，指高等法院或者其法官；

---

* 马来西亚专利法系 1983 年颁布，后经多次修订。本译文以马来西亚知识产权局官网公布的 2006 年修订的马来西亚专利法英文版本为基础，结合 2022 年修订的马来西亚专利法（第 A1649 号）法律予以废除、修订和新增的条文。——译者注

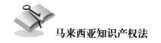

副注册主任，指根据第 8 条第（2）款或第（3）款被委任为或者视为被委任为副注册主任的人；

雇员，指根据雇佣合同从事或者已经从事工作的人，或者受雇于个人或组织或者为了个人或组织而受雇的人；

雇主，就雇员而言，指雇用或者曾经雇用雇员的人；

审查员，指知识产权局根据第 9A 条委任的任何个人、政府部门、单位或组织，或者任何外国、国际的专利局或组织；

申请日，指注册主任根据第 28 条记录为申请日的日期；

国际保藏机构，指根据《布达佩斯条约》获得微生物国际保藏机构地位的保藏机构；

微生物，指任何微小生物体和微小生物体的组成部分，包括无菌生物体、病毒和类病毒；

局长，指当时负责知识产权的局长；

官方公报，指注册主任根据第 86A 条出版的知识产权官方公报；

专利所有人，指当时作为专利受让人被登记在登记簿中的人；

专利发明，指被授予专利的发明，专利方法应作相应解释；

专利产品，指属于专利发明的产品，或者就专利方法而言，指直接通过该方法或者适用该方法获得的产品；

药品，指

（a）任何专利产品；或

（b）制药行业通过专利工艺制造的任何产品，包括生产所需的活性成分和使用所需的诊断试剂盒；

规定的，指根据本法制定的条例所规定的；

优先权日，指根据第 27A 条规定的日期；

方法，包括技艺和方式；

产品，指以有形形式出现的任何物品，包括任何器械、物件、装置、设备、工艺品、工具、机器、物质和组合物；

登记簿，指根据本法保存的专利登记簿和实用新型证书登记簿；

注册主任，指根据第 8 条第（1）款指定的注册主任；

居民，包括

（a）居住在马来西亚的马来西亚公民；

（b）非马来西亚公民，和

（ⅰ）已获得马来西亚永久居民身份并常住在马来西亚；或

（ⅱ）根据 1959/63 年移民法（第 155 号法律）合法签发的有效通行证，合法在马来西亚居留；

（c）根据马来西亚任何成文法成立、设立或注册的法人团体，但外国公司除外；或

（d）根据马来西亚任何成文法成立或注册的非法人团体；

权利，就任何专利申请或者专利而言，包括在专利申请或者专利中的利益，以及在不影响前述规定的条件下对专利权的任何提述，包括对专利份额的提述。

与贸易有关的知识产权协定，指《建立世界贸易组织的协议》附件 1C 所列的《与贸易有关的知识产权协定》。

第 2 章　专利委员会

第 4 条至第 7 条　根据第 A1137 号法律第 3 条废除

第 7A 条　根据第 A1137 号法律第 3 条废除

注：根据第 2 章设立的专利局已解散，在指定日期前由解散委员会委任为审查员的任何人应继续担任该职，并且就本法而言，应被视为根据第 9A 条委任。

第 3 章　管　　理

第 8 条　注册主任、副注册主任和助理注册主任

（1）知识产权局局长应当是专利注册主任。

（2）知识产权局可根据其确定的条款及条件从知识产权局雇用人员中委任其认为对适当施行本法所必要的数名专利副注册主任、专利助理注册主任和其他官员，并可撤销根据第（3）款如此委任或者视为如此委任的任何人员。

（3）在指定日期前担任副注册主任、助理注册主任和本法项下的其他官员，获得马来西亚政府赋予的担任知识产权局雇员的选择权并接受选择的，应于指定日期被视为已获委任为副注册主任、助理注册主任和第（2）款项下的其他官员。

（4）在符合注册主任的一般指示和控制以及注册主任可能施加的条件和限制的情况下，副注册主任或者助理注册主任可以行使本法项下注册主任的所有职能，且本法委任或授权或要求由注册主任作出或者签署的任何事项均可由副注册主任或者助理注册主任作出或者签署，且副注册主任或者助理注册主任的行为或者签名与注册主任的同样有效。

（5）注册主任应持有代表知识产权局的印章，且对该印章的印记应予以司法通知并可被接纳为证据。

第9条　专利登记局

（1）应设立专利登记局和为本法目的所必要的专利登记局分支机构。

（2）至（4）已根据第 A1137 号法律第 5 条废除。

（5）要求或者允许向专利局提交的任何申请或者其他文件，可以向专利登记局的分支机构提交，且该申请或者其他文件应被视为已在专利登记局提交。

第9A条　审查员

知识产权局可以任命任何个人、政府部门、单位或者组织、外国或国际的专利局或组织作为施行本法的审查员。

第10条　专利信息服务

应设立专利信息服务部门，在公众支付规定费用后向其提供信息。

第4章　专利性

第11条　可授予专利权的发明

若某项发明具有新颖性、创造性和工业应用性，则该项发明即可被授予专利权。

第12条　发明的含义

（1）发明是发明人的创意，其能够在实践中解决技术领域的特定问题。

（2）发明可能是或者可能涉及产品或者方法。

第 13 条　不可被授予专利权的发明

（1）下列各项尽管属于第 12 条意义上的发明，但是不具有可专利性：

（a）发现、科学理论和数学方法；

（b）植物或者动物品种或者本质上以生产动物和植物为目的的生物学方法，但不包括人造活性微生物、微生物方法和以该等微生物方法制造的产品；

（c）商业活动、纯粹智力活动或者游戏的方法、方案、规则；

（d）通过外科手术或者治疗以医治人体或者动物身体的方法，以及被施行于人体或者动物身体的任何诊断方法；但是，本款不适用于上述方法中使用的任何产品。

（2）就第（1）款而言，如不确定其中规定的某项是否可被授予专利权，注册主任可将该事项转介审查员提出意见，随后由注册主任作出该事项是否可授予专利权的决定。

第 14 条　新颖性

（1）一项发明如无法通过现有技术进行预测，则具有新颖性。

（2）现有技术包括：

（a）主张发明专利申请的优先权日之前，在世界任何地方以书面出版物、口头披露、使用或者任何其他方式向公众披露的任何事项；

（b）国内专利申请与（a）项所述专利申请相比具有较早优先权日的专利申请的内容，但该等内容应被纳入根据第 33D 条公布的专利申请。

（3）根据第（2）款（a）项所作披露在下列情况下不予考虑：

（a）该披露发生在专利申请日之前 1 年内，且该披露发生是因为或由于申请人或其所有权前任人实施的行为所致的；

（b）该披露发生在专利申请日之前 1 年内，且该披露是因为或由于滥用申请人或其所有权前任人的权利所致的；

（c）该披露是通过在本法生效前在英国专利局申请专利登记的未决申请所致的。

（4）现有技术所包含的任何物质或者合成物用于第 13 条第（1）款（d）项所提述的任何方法中，而其在任何该等方法中的用途并不被包含在现有技术中，则第（2）款不得排除该物质或合成物的专利性。

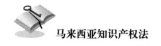

第15条　创造性

如果考虑到根据第14条第（2）款（a）项构成现有技术一部分的任何事项，该创造性对在该技术领域具有普通专业技能的人来说并非显而易见的，则应当视为发明具有创造性。

第16条　工业应用性

发明可在任何工业领域中被制造或者适用的，应被视为具有工业应用性。

第4A章　实用新型

第17条　定　　义[*]

在本章及根据本法制定的任何条例中，实用新型，指创造新产品或者方法的任何创新，或者对能够进行工业应用的已知产品或者方法的新改进措施，包括发明。

第17A条　申　　请

（1）除本章另有规定外，本法的规定，在符合表2各项修改的情况下，应适用于实用新型，其方式与发明相同。

（2）第11条、第15条、第26条、第10章以及第89条和第90条不适用于实用新型。

第17B条　专利申请转为实用新型申请；反之亦然

（1）专利申请可转为实用新型证书申请。

（2）实用新型证书申请可转为专利申请。

（3）将专利申请转为实用新型证书申请或者将实用新型证书申请转为专利申请，应由申请人提交请求并应符合根据本法制定的条例。

（4）根据本条提出的转换申请应在规定期限内被提交给注册主任。

---

　　[*]《中华人民共和国专利法》（2020年修正）第2条第3款规定："实用新型，是指对产品的形状、构造或者其结合所提出的适于实用的新的技术方案。"而马来西亚专利法的"实用新型"英文为"utility innovations"，其定义包括对"产品或方法"的改进，本应译为"实用创新"，但为方便读者理解，全书统一将其译为"实用新型"，特此说明。——译者注

（4A）在不损害注册主任容许转换的权力的情况下，第（4）款所述期间不得根据第 82 条的规定予以延长。

（5）根据本条提出的转换请求，应向注册主任缴纳规定的费用，否则不予受理。

（6）已转换的申请在首次提交申请时应被视为已提交。

第 17C 条　不能针对同一发明同时授予专利和实用新型证书

（1）如果专利申请人同时：

（a）申请了实用新型证书；或

（b）已被授予实用新型证书，且专利申请的客体与本条（a）项或者（b）项提及的申请客体相同，则在本条（a）项提及的申请被撤销或者（b）项提及的证书被撤回前，不能被授予专利。

（2）如果实用新型证书的申请人同时申请了专利或者已被授予专利，且实用新型证书申请的客体与本条（a）项提及的申请的客体或者（b）项提及的专利的客体相同，则在（a）项提及的申请被撤销或者（b）项所述的专利被放弃前，不能被授予实用新型证书。

第 5 章　专利权

第 18 条　专利权

（1）任何人可单独或者与他人共同申请专利。

（2）在符合本法规定的情况下，专利权属于发明人。

（3）2 人以上共同发明的，专利权由其共同所有。

（4）2 人以上分别独立地创造同一项发明并且各自均提出专利申请的，则该项发明的专利权属于申请享有优先权日的人。

第 19 条　专利申请或者专利的判决转让

专利申请或者专利所主张的发明的基本要素非法源于他人享有专利权的发明的，该他人可以申请法院命令向其转让该专利申请或者专利；

但自专利授予之日起 6 年后，法院不再受理专利转让申请。

第 20 条　职务发明或者委托发明

（1）任何雇佣合同或者劳务合同中无相反规定的，在履行该雇佣合同或

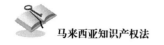

者工作中产生的发明专利权应属于雇主或者该工作的委托人（视情况而定）；

但发明获得的经济价值远大于各方在签订雇佣合同或者履行工作中的合理预期（视情况而定），而当事人之间没有约定的，发明人有权获得由法院根据申请确定的合理报酬。

（2）雇佣合同未要求其从事任何发明活动的雇员，在雇主的工作范围内使用雇主交由其处置的资料或者工具创作发明的，如果雇佣合同中没有相反规定，则该发明的专利权应被视为属于雇主；

但雇员有权获得合理的报酬，当事人之间没有约定的，雇员可以向法院申请根据其薪酬、发明的经济价值和雇主获得的任何收益确定该报酬。

（3）第（1）款或第（2）款授予发明人的权利不受合同限制。

第 21 条　政府雇员的发明

（1）尽管有第 20 条第（3）款的规定，该条规定同样适用于政府雇员或者政府组织或者企业的雇员，但是该政府组织或者企业的规章或条例另有规定的除外。

（2）在本条中，政府指联邦政府或州政府。

第 22 条　共有人

专利权共有的，只能由所有共有人共同申请专利。

第 6 章　申请、授予程序和期限

第 23 条　申请的要求

每项专利授予申请均应符合局长根据本法制定的条例。

第 23A 条　马来西亚居民应先在本国提交申请

（1）未经注册主任书面授权，任何马来西亚居民不得在马来西亚境外提交或者安排提交发明专利申请，但下列情况除外：

（a）在向马来西亚境外提交申请前至少 2 个月已就同一发明向专利登记局提交申请；和

（b）注册主任未根据第 30A 条对该申请作出任何指示，或者所有该等指示均已被撤销。

（2）居民应按规定的方式向注册主任提出第（1）款所述的书面申请并缴纳规定的费用。

第 24 条　申请费

专利授予申请非经向注册主任缴纳规定费用的，不予受理。

第 25 条　申请的撤回

申请人可在申请未决期间的任何时间向注册主任提交声明撤回其申请，声明应采用注册主任确定的格式并支付规定的费用，且任何该等撤回均不得撤销。

第 26 条　发明的单一性

一项申请应仅涉及一项发明或者相互联系属于一个总的发明构思的一组发明。

第 26A 条　根据第 A1649 法律废除

第 26B 条　分案申请

（1）申请人可在规定期限内向注册主任提出分案申请请求，将一个申请分为两份或多份申请。分案申请应采用注册主任确定的格式并支付规定的费用，但每份分案申请不得超出初次申请的披露范围；

（1A）如果在提出分案申请的请求日期之前，原申请或与原申请有关的在先申请已经发生下列情况，则注册主任不得允许根据第（1）款提出分案申请的请求：

（a）授予专利权；

（b）驳回专利申请；

（c）视为撤回；

（d）撤回；或

（e）放弃。

（1B）在不损害注册主任容许分案申请的权力的情况下，对第（1）款规定的期间不得根据第 82 条的规定予以延长。

（2）每项分案申请应享有原申请的申请日期以及根据第 27 条规定享有的任何优先权（如果要求优先权的话）。

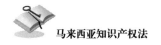

第 26C 条　微生物保藏

（1）如果发明涉及不为公众所知的微生物且在专利申请中无法以能够使本领域普通技术人员实施该发明的方式进行描述，则申请人或任何其他人应在不迟于专利申请日将该微生物的样本提交给国家保藏机关或国际保藏机构。

（2）向第（1）款提及的国家保藏机关提交微生物样本应按规定的方式进行。

（3）向第（1）款提及的国际保藏机构提交微生物样本应根据《布达佩斯条约》进行。

（4）将微生物样本提交给国家保藏机关或国际保藏机构（视情况而定），应被视为满足了在专利申请中的公开要求。

（5）任何人均可以规定的方式和条件要求取得根据第（1）款保藏的微生物样本并支付规定的费用。

（6）就本条而言，《布达佩斯条约》指 1977 年 4 月 28 日在布达佩斯签订的《国际承认用于专利程序的微生物保存布达佩斯条约》。

第 27 条　优先权

（1）申请可根据国际条约或公约含有主张一项或者多项国家、地区或者国际申请的优先权声明。上述享有优先权的申请是由申请人或者其所有权前任人于含有声明的申请提交之日前 12 个月期间内在该国际条约或公约的缔约方或者向该国际条约或公约的缔约方就申请所涉同一发明提出的专利申请。

（1A）对第（1）款中所述的 12 个月期间不可根据第 82 条的规定延长。

（1B）如申请人在第（1）款所述的 12 个月期限内未主张优先权，则在下列情况下可恢复优先权：

（a）申请人以注册主任确定的格式向注册主任提出恢复优先权的请求并支付规定的费用；和

（b）根据（a）项提出的请求符合规定的条件。

（2）申请中含有第（1）款项下声明的，注册主任可要求申请人在规定期限内提交在先申请的副本，该副本应由其提交的专利局核证其为该在先申请的正确副本，或者在先申请是根据国际条约提交的国际专利申请的，由世界知识产权组织的国际局予以核证。

（3）第（1）款所述声明的效力应与其中提述的条约或者公约规定的

相同。

（4）未遵守本条或者根据本条订立的任何条例的任何要求的，第（1）款提述的声明应被视为无效。

第27A条　优先权日

（1）在符合第（2）款规定的情况下，专利申请的优先权日是该申请的提交日。

（2）申请书中含有第27条提及的声明的，申请的优先权日应为在该声明中主张优先权的最早申请日。

第28条　申请日

（1）注册主任应将收到申请的日期登记为申请日；

但该申请应包含下列内容：

（a）申请人的姓名和地址；

（b）发明人的姓名和地址；

（c）说明书，包括序列表（如果有的话）；

（d）一项或者多项权利要求；

（e）在收到申请时，已缴纳规定的费用。

（1A）就第（1）款（d）项而言，如申请包括10项以上的权利要求，则其后的每项权利要求均应支付规定的费用。

（2）如果注册主任认为申请人提出的申请不符合第（1）款（a）项、（b）项、（c）项或（d）项的要求，则注册主任应要求申请人在规定期限内提交所需的补正材料。

（2A）如果注册主任认为申请人提出的申请不符合第（1A）款的规定，应要求申请人在规定的期限内为每项后续的权利要求缴纳规定的费用。

（3）凡

（a）申请人按照注册主任的要求根据第（2）款提交所需的补正材料的，注册主任应将以收到补正材料的日期记录为专利申请日；

（b）如果申请人不按照第（2）款的要求提交所需的补正材料，则应视为其放弃专利申请；

（c）申请人按照注册主任的要求根据第（2A）款就其后每项权利要求缴纳了规定的费用的，注册主任应将根据第（1）款收到申请的日期记录为专利

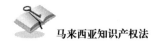

申请日；或

（d）申请人不按照注册主任关于根据第（2A）款为其后每项权利要求缴纳规定费用的要求的，注册主任应仅就前十项权利要求，将根据第（1）款收到申请的日期记录为专利申请日。

（4）申请需要提交的说明书附图事实上未被包含在申请材料中的，注册主任应要求申请人在规定期限内提交遗漏的说明书附图。

（5）申请人按照第（4）款提交了遗漏的说明书附图的，注册主任应将收到该说明书附图的日期记录为专利申请日；申请人未按照该规定提交的，注册主任应将收到申请的日期登记为申请日，但在后续审查中不再涉及对该说明书附图的审查。

（6）对第（2）款、第（2A）款及第（4）款所规定的期限，注册主任不得根据第82条的规定延长。

第29条　初步审查

（1）专利申请有申请日期且未撤销的，注册主任应审查此项申请并确定其是否符合本法以及根据本法所制定的条例的要求，且该等条例指明就本法而言该等要件为形式要求。

（2）注册主任根据第（1）款作出审查后，认定该申请并不满足所有形式要求的，应提供机会让申请人针对该等认定提出意见并在规定的期限内修改申请以符合该等要求；申请人未在规定期限内修改申请的，注册主任可拒绝该项申请。

第29A条　实质审查或者简易实质审查的请求

（1）专利申请已根据第29条进行审查且并未撤销或者未被拒绝受理的，申请人应当在规定期间内请求对申请进行实质审查。

（2）如针对与申请中主张的发明相同或实质相同的发明，在马来西亚境外规定的国家或根据规定的条约或公约，已向申请人或其所有权前任人授予专利或其他工业产权的，申请人可以在规定期间内提出简化实质审查的请求，而不是提出实质审查请求。

（3）实质审查或者简易实质审查的请求应按照注册主任确定的格式提出，在向注册主任缴纳规定费用且符合任何其他规定要求后，方可被视为已提交。

（4）已根据第A1649法律删除。

（5）如果申请人有下列情况，则该专利申请应在相应期限届满后视为撤回：

（a）未根据第（1）款提出实质审查请求；或

（b）未在规定的期限内根据第（2）款提出简化实质审查的请求。

（6）虽有第（5）款（b）项的规定，但是，在申请人以注册主任确定的格式提出请求并支付规定的费用后，注册主任可允许推迟提交第（2）款所述的简化实质审查请求。

（6A）第（6）款规定的推迟理由仅限于该专利或其他工业产权尚未被授权，或在提出简化实质审查请求的规定期限届满时仍无法获得授权的情况。

（7）除非申请人根据第（2）款在提出实质审查及简化实质审查请求的期限届满之前提出延期申请，否则不得根据第（6）款被授予延期，且寻求或授予延期的期间不得被超过根据本法制定的条例所规定的期间。

（8）在不损害注册主任授予延期的权力的情况下，本条规定的期间不得根据第82条的规定延长。

第30条　实质审查和简易实质审查

（1）根据第29A条第（1）款提出实质审查请求的，注册主任应将申请转至一名审查员，该审查员应：

（a）确定申请是否符合本法及根据本法制定的其他条例中指定为本法意义上的实质要件的要求；

（b）向注册主任报告其决定。

（2）根据第29A条第（2）款提出简易实质审查请求的，注册主任应将申请转至一名审查员，该审查员应：

（a）确定申请是否符合本法及根据本法制定的其他条例中指定为本法意义上的简易实质要件的要求；

（b）向注册主任报告其决定。

（3）如果审查员根据本条第（1）款或第（2）款报告该请求不符合第（1）款或第（2）款规定的任何要求的（视情况而定），注册主任应给予申请人在规定的期间内针对该报告陈述意见并修改申请以符合该等要求的机会。如申请人不能在规定期限内使注册主任信纳其符合该等要求或修改申请以符合该等要求，注册主任可拒绝受理申请。

（3A）根据第（3）款对申请作出的修改不得超出最初申请中披露的

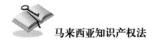

范围。

（4）注册主任可同意对第（3）款中规定的期间进行延期，但仅可延期一次，随后不得根据第 82 条的规定同意延期。

（5）审查员根据第（1）款或第（2）款报告该申请（无论原始提交或经修改）符合第（1）款或第（2）款规定的（视情况而定），注册主任应将该情况通知申请人，并在符合第（6）款规定的情况下相应地处理该申请。

（6）同一申请人或其所有权继承人针对具有相同优先权日的同一发明提交两项或者多项专利申请的，注册主任可基于该理由拒绝根据两项或多项申请授予专利。

（7）注册主任如认为适当，可放弃要求根据第（1）款将申请或其任何部分转至实质审查的要求；

但其应在官方公报中告知其放弃该要求的意图并应允许受该放弃行为侵害的任何一方针对该问题进行陈词。

第 30A 条　禁止公开可能有损国家利益的信息

（1）除局长另有指示外，注册主任认为公开一项已提交的或者被视为已提交的专利申请中的信息将损害国家利益或者国家安全的，可发布指示，禁止或者限制该等信息的公开或者向大众或者任何个人或者群体传播。

（2）除局长另有指示外，注册主任信纳公开或者传播申请中所含信息不再损害国家利益或者国家安全的，可撤销其根据第（1）款发出的禁止或者限制公开或者传播申请中所含信息的指示。

（3）注册主任根据第（1）款所作指示针对申请发生效力的，即使该申请已到达授予专利的阶段，仍不得根据该申请授予专利。

（4）本条任何规定不得阻止向部长或政府部门或主管机关披露发明相关信息以针对是否应作出、修改或者撤销本条项下指示获取建议。

第 31 条　专利权的授予

（1）不得因任何法律或者条例禁止某些发明的实施而不授予其相关专利权或者宣告已被授予的专利权无效，但实施行为违反公共秩序或者社会公德的除外。

（2）注册主任信纳申请符合第 23 条、第 29 条和第 30 条规定的，应授予专利权，并应立即：

（a）向申请人签发专利授予证书和专利副本并提供一份审查员的最终报告的副本；和

（b）将专利记录在登记簿中。

（2A）2 人或者多人分别独立完成同一项发明并提交具有相同优先权日的专利申请的，可针对每份申请授予专利。

（3）此后，注册主任应尽快：

（a）在官方公报上公布对专利授予的提述；和

（b）在缴纳规定费用的情况下向公众提供专利副本。

（4）专利权应被视为自注册主任履行第（2）款规定行为之日被授予。

第31A条　专利申请或专利文件的认证或非认证副本

专利权人或专利申请人可向注册主任提出请求，要求获得有关其专利申请或专利在专利局存档的任何表格或文件的认证或非认证副本，其格式由注册主任决定，并且专利权人或专利申请人应当缴纳规定的费用。

第32条　专利登记簿

（1）注册主任处应备存及维持一份成为专利登记簿的登记簿。

（2）专利登记簿应载明所有与专利有关的规定事项和详情。

（3）专利登记簿应按照规定的格式和媒介保存。

第32A条　专利登记簿中的信托通知

（1）任何默示或推定信托的通知均不得被注册主任接受，亦不得将该通知记录入专利登记簿内。

（2）明示信托或明示信托受益人的通知或两者的通知均可被注册主任接受并记录入专利登记簿。

（3）尽管有第（2）款的规定，但是注册主任不受明示信托或明示信托受益人的通知的影响而未将该通知记录入专利登记簿的，不会影响该项信托项下的任何权利或义务。

第33条　专利登记簿的查阅和专利登记簿的副本或摘录

（1）任何人均可向注册主任提出请求，以注册主任确定的形式查阅专利登记簿或取得专利登记簿的认证或非认证副本或摘录。并且，该请求人应当

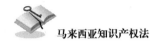
缴纳规定的费用。

（2）在本条中，"人"包括联邦政府和州政府。

第33A条　登记簿里的核证副本或者核证摘录均可被法庭接纳为证据

（1）登记簿应作为本法所要求或者授权记入登记簿的所有事项的初步证据。

（2）登记簿的副本或者摘录或者专利登记局的任何文件或者出版物的副本，如经注册主任书面签字核准即可在所有法院被采纳为证据且无须进一步证明或者出示正本。

（3）公司雇用的任何人员不得被要求出庭出示下列文件：

（a）根据本法规定可获得的与专利申请或专利有关的任何文件；或

（b）根据本法不得向任何第三方提供的任何文件。

第33B条　登记簿的修改

（1）注册主任可根据专利所有人以规定方式和缴纳规定费用提出的请求对登记簿作下列修改：

（a）修改专利所有人或发明人的姓名或者地址中的任何错误；

（b）记录专利所有人或发明人的姓名或者地址的任何变更。

（2）根据本条对登记簿进行修改的，注册主任可要求向其提交专利授予证书，和：

（a）撤销该专利授予证书并颁发新的专利授予证书；或

（b）根据登记簿的修改，对专利授予证书相应地进行必要的修改。

（3）尽管本法或者根据本法制定的其他条例有任何其他规定，但是对于专利所有人姓名或地址的任何错误的修改请求而言，除非该错误是由该专利所有人引起或造成，否则无须缴纳任何费用。

第33C条　法院可命令修改登记簿

（1）法院可根据受侵害人的申请，命令对登记簿作如下修改：

（a）补录登记簿中错误遗漏的信息；

（b）删除或者修改在登记簿中错误作出或保留的信息；或

（c）纠正登记簿中的任何错误或者瑕疵。

（2）就第（1）款规定的申请而言，注册主任有权出庭和陈述意见，并须按法院的指示出庭。

（3）除法院另行指示，注册主任可向法院提交由其签署的陈述书代替出庭和陈词，陈述书的内容包括：

（a）针对争议事实的详情；

（b）其作出的影响争议事项的决定的理由；

（c）专利登记局在类似情况下的处理办法；或

（d）有关争议事项的且在注册主任所知的范围内其认为合适的事项，而该陈述书须作为构成法庭证据的一部分。

第33D条　公布申请

（1）除第30A条另有规定外，注册主任应在官方公报公布与专利申请有关的规定信息，但前提是此类信息在下列情况下由注册主任掌握：

（a）自专利申请日起18个月后，或在要求优先权的情况下，自专利申请的优先权日起18个月后；或

（b）应申请人的要求，在（a）项规定的期限之前，以注册主任确定的格式提交提前公布的申请并缴纳规定的费用。

（2）如果出现下列情况，则不得根据第（1）款公布专利申请：

（a）该专利申请在第（1）款（a）项规定的期限届满时或之前被放弃、撤回、视为撤回或被驳回申请；或

（b）注册主任发现申请中包含任何违反公共秩序或道德的信息。

（3）不得撤销依据第（1）款（b）项提出的提前公布申请。

（4）本条不适用于根据《专利合作条约》提出的国际申请。

第34条　公众查阅

（1）专利申请已根据第33D条被予以公布的，注册主任在收到规定的费用后应以规定方式提供下列与专利申请有关的信息或文件供公众查阅，但以注册主任所掌握的该等信息或文件为限：

（a）申请人的姓名、地址和描述，以及代理人（如有）的姓名和地址；

（b）申请号；

（c）申请日；如果要求优先权的，还需提供优先权日期、在先申请的申请号、在先申请所在国的名称；或，如果在先申请是地区申请或国际申请，还需提供在先申请所在国和专利局的名称；

（d）申请的具体内容，包括说明、权利要求、说明书附图（如有）、摘要以及对申请文件的任何修改（如有）；

（e）专利申请权的任何变更以及与申请有关的许可合同的任何条款；

（f）检索和审查报告；

（g）注册主任确定的申请人就专利申请与专利局间的通信往来；和

（h）申请人或任何其他人向专利局提交的专利和非专利相关文献引证。

（2）已根据第 A1649 号法律删除。

（3）如申请人没有根据第 33D 条第（1）款（b）项提出请求，任何人如果想在专利申请的申请日（或如要求优先权，则自优先权日）起的 18 个月届满之前查阅第（1）款所述的与专利申请有关的信息或文件的，则应向注册主任提出请求。该请求应符合注册主任所确定的格式并附上下列文件：

（a）申请人的书面许可；和

（b）缴纳规定的费用。

（4）缴纳规定的费用后，可获得经核证的信息摘录。

（5）在申请供根据第 33D 条公布后，申请人如发现有人对属于申请客体的发明进行商业或工业实施的，可书面警告该人已针对该发明提交专利申请。

（6）申请人可以要求对该发明进行商业或者工业实施的人针对该发明向申请人支付赔偿。

（a）赔偿金额自根据第（5）款给予该人警告时起算；或

（b）在未提出警告的情况下，在针对发明的专利申请根据第 33D 条公布后，赔偿金额应相当于授予专利前其在正常情况下因实施发明本应获得的金额。

（7）第（6）款中规定的申请人要求赔偿的权利只能在授予专利权后行使。

（8）行使第（6）款中规定的要求赔偿的权利，不应妨碍申请人在被授予专利后作为专利所有人对其权利的行使。

（9）专利申请根据第 33D 条公布后被撤销或者拒绝受理的，第（6）款项下的权利应被视为自始不存在。

第 34A 条　第三方意见

（1）任何人均可在规定的期限内就与专利申请的可专利性有关的任何事项按注册主任确定的格式进行意见陈述并缴纳规定的费用。意见陈述中应说明提出该意见的理由。

（2）在本条中，"人"包括联邦政府和州政府。

第35条　专利权的期限

（1）在符合第（1B）款和第（1C）款规定的情况下，专利权的期限为自申请之日起20年。

（1A）在不影响第（1）款规定且符合本法其他规定的情况下，专利权应在签发专利授予证书之日被视为已授予并生效。

（1B）在2001年8月1日前提交专利申请且在该日未决的，针对该申请授予的专利期限应为自申请日起20年或者自授予之日起15年，以较长者为准。

（1C）在2001年8月1日前授予专利且在该日仍有效的，专利期限应为自申请日起20年或者自授予之日起15年，以较长者为准。

（2）自专利权授予之日起第二年届满前，专利权人拟维持专利权效力的，其应在第二年届满之日和其后每一年届满之日的前12个月内缴纳年费：

期满后应给予6个月的宽限期，但应缴纳规定的附加费。

（3）未按照第（2）款规定缴纳规定年费的，应终止专利，并在官方公报上公布因不缴纳年费导致专利失效的通知。

附注：（1）对主法*第35条的修改不得影响在本法生效前根据主法提出的专利授予申请和实用新型证书申请（视情况而定）；主法关于该等申请的规定应适用于该申请，如同本法未对该等规定进行修改。

（2）根据主法授予专利或实用新型证书且在本法生效后仍然受保护的发明或实用新型，应在主法第35条规定的期间内继续受保护，如同本法未对该条规定进行修改。参见第A1008号法律第13条。

第35A条　失效专利的恢复

（1）自在官方公报中公布专利失效通知之日起12个月内：

（a）专利所有人或者其所有权继承人；或

（b）如专利未失效则有权获得专利权的任何其他人，可按照注册主任确定的格式向注册主任申请恢复专利并缴纳规定的费用。

---

* 在马来西亚专利法中，"主法"指相对于马来西亚专利法修正案的专利法全文。——译者注

（2）注册主任可根据第（1）款提出的申请恢复专利，但应满足下列条件：

（a）缴纳所有到期年费和恢复专利的规定附加费；

（b）注册主任信纳未缴纳年费是由于事故、错误或者其他不可预见的情况。

（3）注册主任恢复已失效专利的，应在官方公报上发布恢复专利的通知。

（4）恢复已失效的专利，不得影响第三方在专利权失效并在官方公报公布后、官方公报通知恢复专利之前其所获得的权利。

（5）对于官方公报已通知专利失效后且官方公布通知专利恢复前，通过合同或其他方式已实施或采取确切步骤实施专利的人而言，局长可制定条例对其提供保护或补偿，但任何该等保护不得超出该人已利用或已采取确切步骤利用已实施失效专利的范围。

（6）在官方公报通知专利已失效后及已恢复之前，不得对专利侵权提起诉讼。

第35B条　申请人或者专利登记局可请求国际检索

（1）除国际申请外，向专利登记局申请专利的申请人可要求国际检索机构根据第78L条第（1）款的规定进行国际检索。

（2）除国际申请外，专利登记局可对向其提交的申请授予专利。该申请由国际检索单位根据第78L条第（1）款的规定进行国际检索。

（3）根据第（1）款或第（2）款的规定对申请进行检索的，申请所含的说明书和权利要求应以国际检索机构指定的语言提出，且申请人应直接向国际检索机构或通过专利登记局缴纳国际检索机构规定的检索费。

第7章　专利所有人的权利

第36条　专利所有人的权利

（1）在符合且不损害本章其他规定的情况下，专利所有人针对专利享有下列专有权：

（a）实施专利发明；

（b）转让或者转移专利权；

（c）订立许可协议；

（d）将专利作为担保权益的标的物进行处理。

（2）未经专利所有人同意，任何人不得作出第（1）款所述行为。

（3）在本章中，专利发明的实施，指下列与专利有关的行为：

（a）针对产品授予专利时：

（ⅰ）制造、进口、许诺销售、销售或者使用该产品；

（ⅱ）为了许诺销售、销售或者使用而存储该产品；

（b）针对方法授予专利时：

（ⅰ）使用方法；

（ⅱ）针对通过方法直接获得的产品实施（a）项所述任何行为。

（4）就本条而言，如针对获得某产品的方法授予专利，则除非证明情况相反，否则非该专利的所有人或其被许可人所生产的同一类产品须在任何法律程序中被视为通过该方法取得。

（5）在第（4）款提及的任何法律程序中，在证明相反情况时，如果法院确信披露任何技术或经营秘密是不合理的或不必要的，或有损于专利权人或其被许可人以外的其他人的技术或经营秘密，则不得要求该专利权人或其被许可人以外的其他人披露该秘密。

第37条　权利限制

（1）专利项下的权利应仅扩至工业或者商业目的的行为，不得扩至仅为实验或科学研究目的的行为。

（1A）专利项下的权利不得扩至制造、使用、许诺销售或者销售专利发明的行为，如果其仅在马来西亚境内或境外为与管理医药产品生产、使用和销售的有关当局准备和提交信息所合理相关的使用。

（2）在不损害第58A条规定的情形下，专利项下的权利不得扩至针对已由下列人员投放市场的产品的行为：

（ⅰ）专利所有人；

（ⅱ）具有第38条规定权利的人；

（ⅲ）具有第43条规定权利的人；

（ⅳ）第48条所指的强制许可的受益人。

（3）专利项下的权利不得扩至在暂时进入或意外进入马来西亚的任何外国船只、航空器、航天器或者陆上交通工具上使用该专利发明。

（4）专利项下的权利应根据第35条在时间方面有所限制。

（5）专利项下的权利应受到第35A条规定、第51条和第52条有关强制

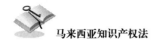

许可的规定以及第 84 条有关政府或政府授权人员权利的规定的限制。

第 38 条　源自在先制造或者使用的权利

（1）某人在专利申请优先权日：

（a）在马来西亚善意地制造产品或者使用属于该申请中所主张发明客体的方法；

（b）在马来西亚善意且认真地准备制造或者使用（a）项所述的产品或者方法的，即使已授予专利，其也有权实施专利发明；

但上述人员应在马来西亚制造产品或者使用方法；

而且该发明是根据第 14 条第（3）款（a）项、（b）项或（c）项规定的情形予以披露的，其可以证明其对发明的了解并非由于该披露。

（2）第（1）款所述的权利，非经作为相关人员业务的一部分，不得被转让或者转移。

第 8 章　作为财产权客体的专利申请权和专利权

第 39 条　转让、转移和担保权益交易

（1）专利申请权或者专利权可以与其他个人财产或动产相同的方式被转让或转移。

（1A）专利可以与其他个人财产或动产一样成为担保权益的标的。

（2）因转让或转移而获得专利申请和专利的任何人，可按规定的方式向注册主任申请将该转让或者转移记录在登记簿中。

（2A）作为专利担保权益交易一方的任何人，可按规定方式向注册主任申请将该担保权益交易记录在专利登记簿中。

（2B）对专利有关的任何担保权益的强制执行方式与其他个人财产或动产的方式相同。

（3）该转让、转移或担保权益交易不得被记录在登记簿中，除非

（a）已向注册主任缴纳规定的费用；

（b）如属转让，其应采用书面形式并由缔约各方或其代表签字。

（4）该转让、转移或担保权益交易非经记录在登记簿中不对第三方发生效力。

（5）作为担保权益交易一方的任何人以规定方式提出申请并缴纳规定费

用后，注册主任可修订专利登记簿中与该担保权益交易有关的任何细节。

（6）作为担保权益交易一方的任何人以规定方式提出申请后，注册主任可从专利登记簿中删除已记录的担保权益交易。

第40条　专利申请权或者专利权的共有

在各方之间没有相反约定的情况下，专利申请或者专利的共同所有人可以单独转让或者转移其在专利申请或者专利中的权利，实施专利发明，以及针对未经其同意而实施专利发明的任何人采取行动，但只能共同撤销专利申请、放弃专利或者订立许可合同。

第9章　许可合同

第41条　许可合同的定义

（1）在本章中，许可合同，指专利所有人（许可人）据以向另一个人或者企业（被许可人）授予实施第36条第（1）款（a）项和第36条第（3）款所指任何和所有行为的许可。

（2）许可合同应当书面做成并经缔约各方或者其代表签署。

第42条　登记簿中的记项

（1）许可人可根据局长规定的条例向注册主任申请在登记簿中记入记项，表明任何人均可获得许可。

（2）在登记簿中记入记项后的任何时间，任何人可通过注册主任向许可人申请获得许可。

（3）双方订立许可合同的，缔约双方应相应地通知注册主任。注册主任应将该事实记入登记簿。

（4）根据由缔约各方或者其代表签署的书面请求，在缴纳规定费用后，注册主任应将各方要求记录的合同相关详情记入登记簿中；

但不要求各方披露或者记录关于上述合同的任何其他详情。

（5）许可合同终止的，缔约各方应通知注册主任。注册主任应将该终止的情况记入登记簿中。

许可人可根据局长规定的相关条例向注册主任申请删除根据第（1）款记入的记项。

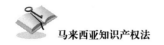

第 43 条　被许可人的权利

（1）在许可合同没有任何相反规定的情况下，被许可人有权在马来西亚整个地理区域内没有时间限制地通过发明申请实施第 36 条第（1）款（a）项和第 36 条第（3）款所述任何或所有行为。

（2）在许可合同没有任何相反规定的情况下，被许可人不得同意第三方在马来西亚针对发明实施第 36 条第（1）款（a）项和第 36（3）条规定的任何行为。

第 44 条　许可人的权利

（1）在许可合同没有任何相反规定的情况下，许可人可针对同一专利向第三人授予进一步许可或者自行实施第 1 款（a）项和第 36 条第（3）款所述的任何或者所有行为。

（2）许可合同规定该许可为独占许可且除该合同另行明确规定外，许可人不得针对同一专利向第三人授予进一步许可或者自行实施第 1 款（a）项和第 36 条第（3）款所述的任何行为。

第 45 条　许可合同中的无效条款

许可合同中的任何条款或条件，如其在工业或商业领域对被许可人施加了并非源自本章对专利所有人所赋予权利的限制或对保护该等权利没有必要的限制，应属无效；

但是：

（a）关于专利发明的范围、程度或实施期间的限制，或者关于可实施专利发明的地理区域或者可实施专利发明的产品的质量或数量的限制；和

（b）为了避免专利有效性被损害而对被许可人施加的义务；

不应被视为构成该限制。

第 46 条　未授予专利申请或者专利被宣告无效的效力

在许可合同期满前，合同约定的专利申请或者专利发生下列任一情况的：

（a）专利申请被撤回；

（b）专利申请最终被驳回；

（c）专利被放弃；

（d）专利权被宣告无效；

（e）许可合同无效，

不得再要求被许可人根据许可合同向许可人支付任何款项，被许可人有权要求返还已付款项；

但是，许可人能证明任何该还款根据相关情况是不公平的，特别是被许可人实际已从该许可中获利的，不得要求许可人返还全部或部分款项。

第47条　许可合同的期满、终止或者无效

注册主任：

（a）如信纳在登记簿上记录的许可合同已届满或者终止，则应根据经各方或代表各方签署的书面请求将该事实记录在登记簿中；

（b）应根据本部分规定将许可合同的期满、终止或者无效在登记簿中予以记录。

第10章　强制许可

第48条　定　　义

在本章中：

强制许可受益人，指根据本章被授予强制许可的人；强制许可，指未经专利权人同意就该专利发明获权在马来西亚实施第 36 条第 1 款（a）项及第36 条第（3）款规定的行为；

符合条件的进口国，指：

（a）属于世界贸易组织成员的最不发达国家；和

（b）世界贸易组织的任何其他成员，其中：

（i）根据《与贸易有关的知识产权协定》第 31 条和附件，将其作为进口商的意向通知与贸易有关的知识产权理事会；

（ii）根据《与贸易有关的知识产权协定》附件的附录，证明其在医药领域的生产能力不足或没有生产能力。

第49条　强制许可申请

（1）自授予专利之日起满 3 年，或自提出专利申请之日起满 4 年，以较迟者为准，有下列情形之一的，任何人可向注册主任申请强制许可：

（a）无任何正当理由在马来西亚未生产专利产品或者适用专利方法的；

（b）在马来西亚生产的专利产品没有在任何国内市场销售，或者无任何正当理由而虽有部分销售但无法满足公共需求的。

（1A）尽管有第（1）款的规定，但是有如下情形时，任何人可在专利授予后的任何时间向注册主任提出强制许可申请：

（a）根据专利在马来西亚生产并在国内市场销售的产品在没有任何正当理由的情况下以不合理的高价出售；或

（b）在马来西亚生产药品并将药品出口到符合条件的进口国以解决其公共健康问题。

（2）除第（1A）款（b）项外，除非申请人已尽合理努力以合理商业条款和条件获得专利所有人的授权，但该等努力并没有在合理期间内达到成功，否则不得申请强制许可。

（3）强制许可的申请应符合局长所规定的条例。

第49A条　基于相互依存的专利申请强制许可

（1）如果一项专利所主张的发明（以下简称"在后专利"）并不侵犯一项从较早优先权日获益的申请所授予的专利（以下简称"在先专利"），却在马来西亚无法实施，而且注册主任认为在后专利主张的发明比在先专利所主张的发明具有显著经济意义的重大技术进步，则注册主任可根据在后专利的所有人、在后专利项下许可合同的被许可人或者在后专利项下强制许可的受益人的请求，出于避免侵犯在先专利之必要，授予强制许可。

（2）根据第（1）款授予强制许可的，注册主任根据在先专利所有人、在先专利项下许可合同的被许可人或在先专利项下强制许可的受益人请求，应当针对在后专利授予强制许可。

第50条　授予强制许可的请求

（1）根据第49条或者第49A条申请强制许可的，申请人应说明适当报酬、专利实施的条件和许可人或者被许可人的权利限制（视情况而定），以及获得该许可的请求。

（1A）除第（1）款指明的要求，根据第49条第（1A）款（b）项提出的强制许可申请应符合规定的任何其他要求。

（2）凡根据第49条或第49A条提出的强制许可申请，注册主任应将该申请或请求的副本送交该专利的许可人或被许可人（视情况而定），让他们有机会在规定的期限内就该申请或请求提出意见。

第 51 条　注册主任的决定

（1）在考虑根据第 49 条或者第 49A 条提出的强制许可申请时，注册主任可要求申请人、许可人或者被许可人（视情况而定）出现在注册主任席前进行陈述或者提交任何文件或任何其他物品。

（2）注册主任对申请进行考虑并作出决定后，应将该决定通知申请人、许可人或者被许可人（视情况而定）。

（3）在根据第 49 条第（1A）款（b）项颁发强制许可令后，注册主任应通知与贸易有关的知识产权理事会。

第 52 条　强制许可的范围

向申请人授予强制许可时，注册主任应确定：

（a）许可范围，特别是授予许可的期间；

（b）强制许可受益人应开始在马来西亚实施专利发明的时限；

（c）应由强制许可受益人向专利所有人支付的适当报告和条件；和

（d）注册主任可能确定的任何其他条件。

第 52A 条　强制许可的授予不得导致违约

（1）尽管许可人与被许可人已订立许可合同，但是该合同依第 44 条第（2）款规定其许可为排他性的，注册主任仍可向强制许可申请人授予强制许可。

（2）针对注册主任根据第（1）款授予的强制许可，起被许可人不得以此为由对许可人提出违反第（1）款所规定的许可合同之诉。

第 53 条　强制许可的限制

（1）注册主任授予的强制许可：

（a）除与商誉或业务或使用专利发明的部分商誉或业务相关，不得转让；

（b）应限于主要在马来西亚提供发明专利。

（1A）第（1）款（b）项所指明的限制不适用于根据第 49 条第（1A）款（b）项中规定的为生产和出口药品目的而授予的强制许可。

（2）强制许可的受益人不得针对授予强制许可的专利与第三人订立许可合同。

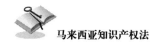

第 54 条　修改、取消及放弃强制许可

（1）应专利所有人或者强制许可受益人请求，注册主任可以修改授予强制许可的决定，只要新的事实证明该修改是合理的。

（2）有下列情形之一的，经专利所有人请求，注册主任应当取消强制许可：

（a）授予强制许可的事由不再存在的；

（b）强制许可的受益人在授予许可决定中规定的期限内，既未开始在马来西亚实施发明专利，也未对该实施作认真准备的；

（c）强制许可的受益人不遵守授予强制许可规定的许可范围的；

（d）根据授予许可的决定，强制许可的受益人拖欠到期款项的。

（3）强制许可的受益人可向注册主任提交书面声明放弃许可，注册主任应将其记录在登记簿中，予以公布，并通知专利所有人。

（4）该放弃应自专利登记局收到声明之日起生效，且该声明不得被撤回。

第 11 章　专利权的放弃、异议和无效

第 55 条　专利权的放弃

（1）专利所有人可以向注册主任提交书面声明放弃专利。

（2）专利放弃可限于一项或者多项专利权利要求。

（3）针对专利的许可合同被记入登记簿的，注册主任在该许可合同没有任何相反规定的情况下，非经收到所有记录的被许可人或分许可人署名同意放弃的声明，不得接受或者记录该放弃，但在许可合同中明确放弃同意要求的除外。

（3A）针对专利授予强制许可的，注册主任非经收到强制许可的受益人署名同意放弃的声明，不得接受或者记录该放弃。

（4）注册主任应当在登记簿上记录该放弃并将其公布于官方公报中。

放弃应自注册主任收到声明之日起生效，且该声明不得被撤回。

第 55A 条　专利异议

（1）如果没有根据本法的任何规定对某项专利提起诉讼，则任何利害关系人可在专利授权公告之日起的规定期限内以第 56 条第（2）款的（a）项、

（b）项或（c）项中规定的任何理由，以规定的方式向注册主任提交针对专利权人的异议通知并缴纳规定的费用，从而启动异议程序。

（2）如果利害关系人不是居民，则利害关系人在根据第（1）款提交异议通知时，应提供注册主任确定的异议程序费用担保。

（3）在根据第（1）款提交异议通知后，利害关系人或专利权人就异议程序提出的任何请求或提交的任何文件，均应按规定的方式提出并缴纳规定的费用。

（4）注册主任可以组建一个特设的异议委员会，为注册主任就异议通知作出决定时提供建议。

（5）在异议程序结束时，注册主任应决定：

（a）是否维持专利权；

（b）是否维持专利并进行任何修改；或

（c）是否使专利无效。

（6）凡注册主任根据第（5）款（a）项或（b）项决定维持专利授权的，则利害关系人不得根据第56条就有关专利提出申请，但根据第60条第（3）款提出无效反诉或根据第88条向法院上诉的除外。

（7）凡注册主任决定根据第（5）款（b）项作出任何修改后维持专利权的，则该修改应被视为自专利授予之日起生效。

（8）注册主任根据本条作出的任何决定或根据第88条对注册主任的该决定提出的任何上诉，均不妨碍侵权诉讼的任何一方以第56条所述的任何理由使专利无效。

（9）在本条中，利害关系人，包括联邦政府和州政府。

第56条 专利权的无效

（1）任何受到侵害的人均可以针对专利所有人向法院提起确认专利无效的诉讼。

（2）申请无效的人证明存在下列情况的，法院应宣告专利无效：

（a）要求授予专利的发明并非第12条所指的发明，或者根据第13条或者第31条第（1）款不属于受保护的范围，或者因未满足第11条、第14条、第15条和第16条的要求而不可被授予专利的；

（b）说明书或者权利要求书不符合第23条要求的；

（c）未提供理解所主张发明所需的任何附图；或

（d）专利权属于他人而非被授予专利的人。

（2A）尽管有第（2）款的规定，但是专利转让的对象是对专利拥有权利的人的，法院不得根据第（2）款（d）项所述原因宣告专利无效。

（3）第（1）款规定只适用于部分权利要求或者一项权利要求的部分内容。法院可宣布该等权利要求或者部分权利要求无效，且应以对相关权利要求进行相应限制的形式宣布部分权利要求无效。

第56A条　提交异议通知后的无效宣告程序

（1）如果利害关系人根据第55A条提交的异议通知尚未获得注册主任的决定，则该利害关系人不得根据第56条对专利权人提起任何要求宣告有关专利无效的诉讼程序，除非：

（a）异议程序的双方当事人均同意向法院提起无效宣告程序；或

（b）利害关系人是侵权诉讼中的被告。

（2）在利害关系人根据第（1）款（a）项或（b）项、第56条提起无效宣告程序之前，利害关系人应当：

（a）将提起此类诉讼的意图通知注册主任；和

（b）以规定的方式撤回根据第55A条提交的异议通知。

第57条　无效宣告的日期和效力

任何被宣告无效的专利或权利要求或部分权利要求应根据第55A条或第56条自授予专利之日视为无效。

第12章　侵　　权

第58条　视为侵权的行为

在不违反第37条第（1）款、第（2）款和第（3）款以及第38条规定的情况下，专利侵权包括除专利所有人以外的任何人在未经后者同意的情况下在马来西亚针对属于专利保护范围的产品或方法实施第36条第（3）款规定的任何行为。

第58A条　不视为侵权的行为

（1）在下列情况下进口、许诺销售、销售或者使用下列产品不被视为侵权行为：

（a）专利产品；或

（b）直接通过专利方法获得的或者适用专利方法的任何产品，但该产品应由专利所有人或其被许可人生产或经其（附条件或以其他方式）同意生产。

（2）在本条中，"专利"包括在马来西亚以外的任何国家针对与根据本法授予的专利发明相同或者实质相同的发明所授予的专利。

第 59 条　侵权诉讼

（1）专利所有人有权针对侵犯或者正在侵犯其专利权的任何人向法院提起诉讼。

（2）专利所有人针对实施可能导致发生侵权行为（在本章中称"即发侵权"）的人具有相同权利。

侵权行为发生满 6 年的，不得提起第（1）款和第（2）款中的诉讼程序。

第 60 条　禁令和损害赔偿金

（1）专利所有人证明已发生或者正在发生侵权行为的，法院应当判给损害赔偿金并应授予禁令以防止进一步侵权和任何其他法律救济。

（2）专利所有人证明有侵权之虞的，法院应发布制止侵权之禁令并提供其他的法律救济。

（3）被告可在本条提述的任何同一程序中要求宣告专利无效，该情况适用第 56 条第（2）款和第（3）款规定。

第 61 条　被许可人和强制许可受益人提起的侵权诉讼

（1）在本条中，受益人，指：

（a）任何被许可人，许可合同约定本款不予适用或者另有不同约定的除外；

（b）根据第 51 条被授予强制许可的受益人。

（2）任何受益人均可请求专利所有人针对受益人指出的任何侵权行为向法院提起诉讼，受益人应明确说明期望获得的救济。

（3）如受益人证明专利所有人已收到请求但拒绝或者未在收到请求后 3 个月内提起诉讼的，其在告知专利所有人其意图后可自行提起诉讼，但专利所有人有权参与诉讼。

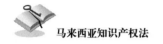

（4）尽管第（3）款规定的三个月期间尚未届满，但是如受益人能证明有必要立即采取行动以避免损失，则法院应针对受益人的要求授予适当禁令以防止侵权发生或者禁止侵权继续发生。

第 62 条　宣告不侵权

（1）在不违反第（4）款规定的情况下，任何利害关系人均有权针对专利所有人提起诉讼，要求法院宣布实施特定行为不构成专利侵权。

（2）提出请求的人证明有关行为不构成专利侵权的，法院应当宣告不侵权。

（3）（a）专利所有人有义务将该诉讼通知被许可人，且被许可人在许可合同没有任何相反规定的情况下有权参与诉讼。

（b）请求宣告不侵权的人有义务告知根据第 51 条获授予强制许可的受益人，且该受益人有权参与诉讼。

（4）相关行为已成为侵权诉讼标的的，被告在侵权诉讼中不得提起宣告不侵权的诉讼。

（5）不侵权宣告诉讼可与专利无效诉讼被一起提出，但根据第 60 条第（3）款请求专利无效的除外。

第 62A 条　违反第 23A 条的申请

违反第 23A 条提起或者促致提起专利申请的，即属犯罪，一经定罪，可处 2 年以下监禁，并处或者单处 1500 林吉特以下罚金。

第 62B 条　违反注册主任指示公开信息

违反注册主任根据第 30A 条发出的指示而公开或者传达信息的，即属犯罪，一经定罪，可处 2 年以下监禁，并处或者单处 1500 林吉特以下罚金。

第 13 章　犯　　罪

第 63 条　伪造登记簿等

在根据本法保存的任何登记簿中作出或者促致作出虚假记项，或者作出或者促致作出虚假地声称是该登记簿中记项的副本或副本的字句，或者出示或者呈交或者促致出示或者呈交任何该等虚假字句作为证据的，即属犯罪，一经定罪，可处 2 年以下监禁，并处或者单处 1.5 万林吉特以下罚金。

第 64 条　未经许可而主张专利权

（1）虚假表示其所作出有值处置的任何物品属专利产品或方法的，即属犯罪，除下列规定外，一经定罪，可处 2 年以下监禁，并处或者单处 1.5 万林吉特以下罚金。

（2）就第（1）款而言，将任何物品作出有值处置，且该物品上已被盖上、刻上或印上或以其他方式加上"专利"或"享有专利"字样或任何明示或默示该物品属专利产品的东西的，即被视为表示该物品属专利产品。

（3）如就某产品所作出的陈述是在该产品或所涉方法（视情况而定）的专利的有效期届满后或该专利被宣布无效后并且是在某段合理的、足以让该人能采取步骤以确保该项陈述不被作出（或不继续作出）的期间结束前作出的，则第（1）款不适用。

（4）在针对本条犯罪进行的诉讼中，证明已尽应尽努力以防止该罪行发生的，即为免责辩护。

第 65 条　未经许可而主张已申请专利

（1）表示已就所作出有值处置的任何物品提出专利申请，但是：

（a）未提出该申请的；或

（b）该申请已被拒绝或者撤销的，即属犯罪，除下列规定外，可处 2 年以下监禁，并处或者单处 1.5 万林吉特以下罚金。

（2）某项表示是在某段于专利申请被拒绝或者撤销之日开始的期间届满之前作出或继续作出的，而该段期间合理地足以使该人能够采取步骤以确保该项表示不被作出或不继续作出的，则第（1）款（b）项不适用。

（3）就第（1）款而言，将任何物品作出有值处置，而该物品上已被盖上、刻上或印上或以其他方式加上"专利申请待决"的字样或任何明示或默示已就该物品申请专利的东西的，即被视为表示已针对该物品申请专利。

（4）在针对本条所定罪行进行的任何诉讼中，证明已尽应尽努力以防止该罪行发生的，即为免责辩护。

第 66 条　滥用"专利登记局"名称

在营业地点或者发出的文件中或者在其他方面使用"专利登记局"字样，

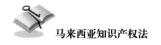

或者任何带有其营业地点即专利登记局或者与专利登记局有正式联系的意思的其他字样的，即属犯罪，一经定罪，可处 2 年以下监禁，并处或者单处 1.5 万林吉特以下罚金。

第 66A 条　未经注册作为专利代理人执业的人

作为专利代理人开展业务、执业、行事，自称、对外声称或允许将其称为或对外称为专利代理人，但未依照本法进行注册的，即属犯罪，一经定罪，可处 2 年以下监禁，并处或者单处 1.5 万林吉特以下罚金。

第 67 条　法人犯罪

（1）任何法人团体所犯的本条规定的任何罪行，经证明是在该团体的任何董事、经理、秘书或其他相类似职位的高级管理人员或看来是以任何该等身份行事的人的同意或纵容下所犯的，或是可归咎于任何上述的人本身的疏忽的，该人以及该法人团体均属犯该罪行，并可据此而被起诉和根据本法规定受惩罚。

（2）任何法人团体的事务由其成员管理的，则第（1）款就任何成员在其管理职能方面的作为与过失适用，犹如该成员是该法人团体的董事一样。

第 14 章　执法权

第 68 条　授权官员行使本章项下的权力

（1）局长可以书面授权任何公职人员行使本章项下的权力。

（2）任何该等公职人员应被视为刑法典所指的公务员。

（3）在行使本章项下的任何权力时，公职人员应要求应当向根据本法所为行为之相对人提供由局长签发的授权书。

第 69 条　逮捕权

（1）任何授权官员或者警察不需要逮捕令即可逮捕下列人员：看到或者发现该人正在实施、企图实施或者教唆实施本法所规定的犯罪行为，或者合理怀疑其正在实施、企图实施或者教唆实施本法所规定的犯罪行为，又拒绝提供或者不能提供其姓名和居所，或者有合理相信其提供了虚假的姓名、居所或者极有可能潜逃。

（2）任何获授权公职人员或者警察在没有逮捕令的情况下实施逮捕的，应将被逮捕之人带至最近的警察局，不得有不必要的延误。

（3）被获授权公职人员或者警察逮捕的人，非经缴纳保释金或者提供保释人或者经治安法官签署书面命令，不得被予以释放。

第70条　凭搜查令进行搜查

（1）任何治安法官根据经宣誓后作出的书面告发并在进行其认为必要的询问后，觉得有合理理由使人相信在任何住宅、商店、建筑物或地方正在发生违反本法或任何根据本法制定的条例的犯罪的，可签发逮捕令，授权逮捕令中任何所列获授权公职人员或者警察在日间或夜间经协助或不经协助进入该住宅、商店、建筑物或地方，搜查和扣押含有或怀疑含有与怀疑所犯任何罪行相关的信息的所有图书、账簿、文件或其他物品或任何其他犯罪相关物品或印存副本。

（2）任何该等公职人员在必要时还可以：

（a）破启住宅、商店、建筑物或者地方的任何外门或者内门并且进入其中；

（b）强行进入住宅、商店、建筑物或者地方及其每一部分；

（c）强行移走任何妨碍其进行获授权实施进入、搜查、扣押和移走的障碍物；

（d）扣留在该地方发现的每一人，直至完成对住宅、商店、建筑物或地方的搜查。

第71条　扣押物品清单

获授权公职人员或者警察根据本章规定扣押任何图书、账簿或其他物品的，应编制扣押物品清单并立即将由其签署的副本交给在该等处所内的占有人或者其代理人或者受雇人。

第72条　扣押物品的返还

根据本章占有任何图书、账簿、文件或者其他物品的，如在扣押后的4个星期内未提起刑事诉讼的，获授权公职人员或者警察应将其返还给所有人。

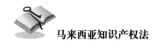

第 73 条　调查权

（1）获授权公职人员或者警察有权调查本法或者根据本法制定的条例项下的任何犯罪。

（2）获授权公职人员或者警察要求其提供与实施犯罪相关的且其有权提供的信息或任何图书、账簿、文件或者其他物品的任何人，有法律义务提供信息或者图书、账簿、文件或者其他物品。

第 74 条　询问证人

（1）根据第 73 条进行调查的获授权公职人员或者警察可口头询问任何其认为了解案件事实和情况的人，并应将被询问人所作任何陈述转为文字记录。

（2）该人有责任回答获授权公职人员提出的与该案件相关的所有问题，但该人可拒绝回答其答案可能会使其遭受刑事指控或者罚金或者没收财产的任何问题。

（3）根据本条作出陈述的人在法律上有责任陈述事实，无论该陈述是全部还是部分因回答问题而作出。

（4）获授权公职人员或者警察根据第（1）款规定对他人进行询问时，应首先告知该人上述第（2）款和第（3）款的规定。

（5）对任何人根据本条所作的陈述，无论是否根据第 75 条向其作出警告，应尽可能转为文字记录，在以该人所作陈述的语言向其朗读并向其提供修正机会后，由该人签字或按上其拇指印（视情况而定）。

第 75 条　采纳陈述作为证据

（1）根据本法或者根据本法制定的条例被指控犯罪的，在对其进行审判时，其所作任何陈述应被采纳为证据，且如该被指控的人自愿作为证人，则任何该等陈述可被用于交叉询问和质疑其可信性，无论该陈述是否构成供认，无论口头或书面，无论何时作出，无论在该人被指控前还是被指控后，无论是否在根据第 74 条进行调查期间，无论是否由该人向任何获授权公职人员或督察或以上职级警察或在其审讯中全部或部分针对问题回答，且无论是否由另一获授权公职人员、警察或其他人向其进行解释，但是：

（a）有下列情形之一的，该陈述不得被采纳或作上述使用：

（ⅰ）如法院觉得作出陈述是由于有权限的人提及指控程序的引诱、威胁或者承诺而导致，且法院认为足以使受指控的人觉得有合理理由假定通过作出该陈述其将在对其不利的程序中获得任何有利条件或避免任何暂时不利情况；或

（ⅱ）如该人在被逮捕后作出陈诉的，除非法院信纳已按照下列文字或具有类似效果的问题向其作出警告：

"我有义务警告你：你不会被迫作出任何陈述或者回答任何问题；但是你所陈述的任何内容，无论是否为相关问题的回答，都将可能成为证据。"

（b）任何人在有时间获警告前所作的陈述，如在作出陈述后尽快向其作出警告的，不得仅由于未向其作出警告而不可被采纳为证据。

（2）即使成文法存在相反规定，依第（1）款规定而被指控的犯罪嫌疑人在获类同前述规定之警告前也无须回答与案件相关的任何问题。

第 76 条　阻碍搜查等

任何人：

（a）拒绝任何获授权公职人员或者警察进入任何地点的；

（b）攻击、阻碍、妨碍或耽误获授权公职人员或者警察实施其根据本法有权实施的任何进入或者履行本法施加的任何义务或本法授予的任何权力；或

（c）拒绝或者忽略提供合理要求其提供或者其有权提供的任何信息；

即属犯罪，一经定罪，可处一年以下监禁，并处或者单处 3000 林吉特以下罚金。

第 76A 条　罪行的和解

（1）经检察官批准，局长可制定条例，规定：

（a）对本法或根据本法制定的任何法规所规定的任何罪行均可进行和解；和

（b）和解此类罪行的方式和程序。

（2）经检察官书面同意，获授权人可在提出公诉前的任何时间向有合理理由怀疑犯有该罪行的人提出书面提议，此人在书面提议中规定的时限内向获授权人支付不超过此人若被判定犯有该罪行而本应被处以的最高罚款金额的百分之五十的款项，从而和解任何属于可和解范畴的罪行。

（3）第（2）款所述的书面提议可在罪行发生后、被提出公诉之前的任

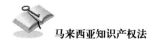

何时间作出。如果书面提议中指明的款额未在书面提议中指明的时限内或获授权人可能给予的延长时限内被支付，则可在该时限到期后的任何时间就该罪行对接受该书面提议的人提起公诉。

（4）如果犯罪行为已经根据第（2）款予以和解，则不得对接受和解提议的人又提起公诉。获授权人可在其认为符合合适的条款和条件的前提下，没收或归还其所扣押的与犯罪行为有关的任何账簿、账目、文件或物品。

（5）获授权人根据本条收到的所有款项均应被存入联邦统一基金并成为其一部分。

第 77 条　提起诉讼

除非由公诉人或在其书面同意下提起，否则不得针对本法项下任何犯罪提起诉讼。

第 78 条　下级法院的司法权

（1）尽管有任何其他成文法规定，但是下级法院有权审理本法项下的任何犯罪，且一经定罪可判处充分刑罚。

（2）在第（1）款中，下级法院，指属审法院或者治安法院。

第 15A 章　《专利合作条约》项下的国际申请

第 78A 条　释　义

在本章中：

国际局，指世界知识产权组织的国际局和国际保护知识产权联合局（BIRPI，只要其存续）；

国际检索，指由根据条约第 16 条委任的国际检索单位为了发现发明相关现有技术而进行的检索；

国际阶段，指从递交国际申请到国际申请进入国家阶段的期间；

国家阶段，指从申请人实施第 78O 条第（1）款规定行为开始的期间；

国家，指条约的缔约国；

专利，包括实用新型；

受理局，指向其提交国际申请的国家局或者政府间组织；

选定局，指由申请人根据条约第 2 章所选定国家的国家局或者代表该国家行事的国家局；

指定局，指申请人根据条约第 1 章所指定国家的国家局或者代表该国家行事的国家局；

国际初步审查，指由根据条约第 32 条委任的国际初步审查单位针对发明是否具有新颖性、创造性和工业应用性等问题进行初步的无约束力的审查；

条约，指于 1970 年 6 月在华盛顿签订的《专利合作条约》；

国际申请，指根据条约提交的申请。

第 78B 条　申　　请

本章规定应适用于根据条约提交的国际申请。

第 78C 条　专利登记局作为受理局

专利登记局应作为国际申请的受理局。

第 78D 条　专利登记局作为指定局

对于为了根据第 4A 章和第 6 章获得专利而指定马来西亚的国际申请，专利登记局应作为指定局。

第 78E 条　专利登记局作为选定局

申请人选定马来西亚作为其意图使用国际初步审查结果的国家的，专利登记局应作为国际申请的选定局。

第 78F 条　有资格提交国际申请的人

（1）任何居住在马来西亚境外的马来西亚公民或居民均有权向专利登记局提交国际专利申请。

（2）第（1）款提及的居民须遵守的第 23A 条的规定。

第 78G 条　国际申请的提交

（1）提交国际申请，应当向专利登记局呈交注册主任确定的格式的请求书，连同说明书、一项或者多项权利要求、附图（如有），以及条约规定格式的摘要。

（1A）国际申请应当提交英文文本。

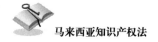

（2）请求书应当包括：

（a）其意是根据条约处理国际申请的请求；

（b）对希望获得发明保护的一个或者多个国家的指定；

（c）申请人的姓名、国籍和住所；

（d）申请代理人（如有）的姓名和营业地；

（e）发明的名称；和

（f）发明人的姓名和住址。

（2A）申请为获得本法项下专利而指定马来西亚的，被赋予国际申请日的国际申请应具有本法项下专利申请的效力且国际申请日就第4A章和第6章而言应被视为提交日。

（3）根据第 A1264 号法律第 6 条废除。

第 78H 条　根据第 A1264 号法律第 7 条废除

第 78I 条　根据第 A1264 号法律第 8 条废除

第 78J 条　根据第 1264 号法律第 9 条废除

第 78K 条　国际申请的处理

条约应适用于国际申请在国际阶段的处理。

第 78KA 条　费　　用

国际申请应当缴纳条约规定的费用和其他规定的费用。

第 78L 条　国际检索单位

（1）注册主任应当以在官方公报公布的形式明确规定能够针对向专利登记局提交的国际申请进行国际检索的国际检索单位。

（2）存在多个符合资格的国际检索单位的，申请人应在其请求中表明其选择的国际检索单位。

第78M条　国际初步审查单位

（1）注册主任应当以在官方公报公布的形式明确规定能够针对向专利登记局提交的国际申请进行国际初步审查的国际初步审查单位。

（2）申请人可以根据条约提出请求，要求针对申请进行国际初步审查。

第78N条　国际申请的国际公布及其效力

（1）由国际局进行的指定马来西亚为指定局的国际申请的国际公布，如果向专利登记局传送且专利登记局收到国际公布，应与根据第33D条的公布申请具有相同效力。

（2）专利登记局应尽快将指定马来西亚为指定局的国际申请的国际公布以供公众查阅。

第78O条　进入国家程序

（1）在国际申请中，申请人指定马来西亚以根据本法获得专利的，应在优先权日前30个月届满前：

（a）向专利登记局提交国际申请的英文副本一份；和

（b）缴纳规定的费用。

（1A）如果申请人为了根据本法获得一项国际申请的专利而指定马来西亚作为国际申请国，而该国际申请涉及的微生物是公众无法获得的，也无法在专利申请中以本领域普通技术人员能够实施发明的方式予以描述，则申请人或任何其他人应在不迟于该国际申请的申请日，将该微生物的样本交存国家保藏机关或国际保藏机构。

（2）专利登记局在优先权日前30个月届满前不得审查根据第（1）款提交的国际申请。

（3）尽管有第（2）款的规定，专利登记局可以应申请人的请求在优先权日前30个月届满前审查国际申请，但是前提是申请人已：

（a）向专利登记局提交国际申请的英文副本一份；和

（b）根据第（1）款缴纳规定的费用。

（4）申请人不符合第（1）款要求的，就本法而言应被视为国际申请被撤回，注册主任应当通知申请人其国际申请被视为撤回。

（5）任何进入国家阶段的申请均应符合本法的要求。

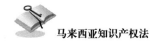
第78OA条　恢复申请

（1）国际申请根据第78O条被视为撤回的，申请人可以通过下列方式向专利登记局书面申请恢复国际申请：

（a）向专利登记局提交国际申请的英文副本一份并根据第78O条第（1）款缴纳规定的费用；

（b）提交一份书面声明，说明未遵循第78O条第（1）款的原因以及证实该原因的声明或其他证据；和

（c）缴纳规定的费用。

（2）第（1）款项下的申请应当在下列期间内提出，以较早到期的为准：

（a）导致无法满足第78O条第（1）款规定的时限的原因消除之日起2个月内；或

（b）第78O条第（1）款规定的时限届满之日起12个月内。

（3）专利登记局信纳申请人无法满足第78O条第（1）款规定的要求是非故意的，专利登记局应当恢复申请人针对国际申请的权利。

（4）专利登记局不信纳申请人无法满足第78O条第（1）款规定的要求是非故意的，专利登记局应当告知申请人其有意拒绝申请并给予申请人在收到通知之日起十四日内针对有意作出的拒绝提出书面陈述的机会。

（5）专利登记局在考虑申请人根据第（4）款作出的任何陈述后，应当决定恢复或者拒绝恢复国际申请并将决定告知申请人。

第78P条　根据第A1264号法律第15条废除

第78Q条　国际申请转国家申请

（1）如果发生下列情况，申请人可要求专利登记局审查拒绝或条约项下声明的正当性。

（a）国外受理局已经：

（ⅰ）拒绝向国际申请赋予申请日的；

（ⅱ）宣告国际申请已被视为撤回的；或

（ⅲ）宣告对马来西亚的指定已视为撤回的；或

（b）国际局已宣告由于其未在条约规定的期间内收到国际申请的登记本而视为已撤回国际申请；

（c）已向专利登记局发送国际申请中的任何文件副本。

（2）专利登记局认定第（1）款所提述的所作的拒绝或声明是由于错误或者遗漏导致的，其对待国际申请应如同该错误或者遗漏从未发生，并应当根据本法将该申请视为专利申请。

（3）根据第 A1264 号法律第 16 条废除。

第 16 章　其他规定

第 79 条　注册主任修正专利申请的权力

（1）根据本法规定，专利申请人可以基于下列目的修改专利申请或向专利局提交的与该申请有关的任何文件：

（a）更正笔误或明显错误；或

（b）更改申请人或发明人的名称或地址。

（1A）如果根据第 19 条规定的与专利申请权有关的法院诉讼仍在进行，则不得允许根据第（1）款（b）项所提出的修改请求。

（1B）注册主任可以根据申请人依本法规定提出的请求修改专利申请的说明书、权利要求书、说明书附图或摘要，但修改不得超出最初提交的专利申请所披露的范围。

（2）对于本条项下的每项请求均应当缴纳规定的费用。

第 79A 条　注册主任修正专利的权力

（1）注册主任可以应专利所有人根据依据本法制定的专利条例提出的请求修正专利的说明书、一项或多项权利要求或附图，或者修正与专利有关的任何其他文件，以更正书写错误或者明显错误或者针对注册主任接受的任何其他原因进行修正。

（1A）凡注册主任认为根据第（1）款提出的专利修改请求需要审查员重新审查该专利，则专利权人应在规定的期限内按照注册主任确定的格式提交重新审查请求并缴纳规定的费用。

（1B）尽管有第（1A）款的规定，但是申请人仍可按注册主任确定的格式，在缴纳规定的费用后，主动提出专利重新审查的请求。

（2）如果修正产生的效力是披露的事项超出修正前披露的范围，或者如果修正产生的效力是扩大授予专利时授予的保护范围，则注册主任不得根据

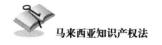

本条进行修正。

（3）如有下列情况，注册主任不得根据本条作出修正：

（a）任何法院正在审理任何可能对专利有效性产生争议的诉讼；或

（b）根据第 55A 条向注册主任提出的任何异议程序正在进行。

（4）对于第（1）款项下的每项请求均应当缴纳规定的费用。

（5）尽管有第（4）款的规定，对于更正由专利登记局签发的任何文件中的错失或错误的请求，专利所有人无须缴纳费用，但是该错失或错误是由该所有人引致或促成的除外。

第 80 条　注册主任的其他权力

（1）就本法而言，注册主任可以：

（a）传唤证人；

（b）接收经宣誓而提供的证据；

（c）要求出示任何文件或者物品；和

（d）变更针对在其席前进行法律程序的任何一方的应承担费用，包括费用的评估和费用的支付方式。

（1A）在注册主任席前进行的任何诉讼的当事人如希望获得费用，应按规定的方式向注册主任提出申请。

（2）无合法辩解而不遵守注册主任根据第（1）款（a）项、（b）项和（c）项作出的任何传票、命令或者指示的，即属犯罪，一经定罪，可处 6 个月以下监禁，并处或者单处 2000 林吉特以下罚金。

（2A）如果任何人在没有任何合法理由的情况下不遵守注册主任根据第（1）款（c）项发出的任何命令或指示，则其根据本法提出的申请应被视为放弃。

（3）不缴纳注册主任判给的费用的，可以通过有管辖权的法院将其作为被判缴纳费用的一方针对判给费用的一方应支付的债务予以追偿。

（4）本法的任何规定均不妨碍注册主任向国家主管机关或根据 2017 年可再生生物资源获取和利益分享法（第 795 号法律）设立的相关主管机关披露信息，以便专利局在依第 33D 条所述的专利申请公布之前根据该法律对有关专利申请予以审查。

第81条　自由裁量权的行使

（1）注册主任根据本法或者根据本法制定的任何条例被赋予自由裁量权的，在针对可能因其决定而遭受不利影响的任何人行使该权力前，应给予该方听证的机会。

（2）第（1）款所述的听证机会应在缴纳规定的费用后，以规定的方式进行。

第82条　延　　期

（1）在符合第17B条第（4A）款、第26B条第（1B）款、第27条第（1A）款、第28条第（6）款、第29A条第（8）款和第30条第（4）款规定的情况下，本法或者根据本法制定的条例规定了实施行为或事项的期间的，注册主任可以在相关方缴纳规定的费用后，在该期间到期前或到期后延长该期间，但法院另行明确指示的除外。

（2）在本法或根据本法制定的任何法规规定的期限届满后要求延长期限的，应在规定的期限内提出延期请求。

第83条　因专利登记局的错误而导致的延期

（1）由于下列情况，注册主任应当为此延期：

（a）超出相关方控制的情况；或

（b）专利登记局的错误或者行为，应当在特定期间内针对专利申请或者本法项下的诉讼程序（而非在任何法院进行的诉讼程序）实施特定行为而未实施的。

（2）上述情形中，即使时间已经届满也仍应当延期。

第83A条　注册主任签发的证明

注册主任可亲自签署文件证明已作出或未作出（视情况而定）由本法规定或根据本法规定作出或者完成或者不得作出或者完成的任何记项、事项或事情，且该证明应作为其中所述事实真实性的表面证据，可在所有法院作为证据被予以采纳。

第 84 条　政府的权力

（1）除非本法另有规定，

（a）涉及国家的紧急情况或者公共利益的，特别是国家安全、营养状况、健康水平或者是由政府确定的国民经济其他重要部门发展的；

（b）司法机关或者有关当局确定专利所有人或者其被许可人的实施方式是反竞争的；

局长可以不经专利所有人同意而决定由局长指定的政府机构或者第三人实施该专利发明。

（2）应当在合理切实可行的范围内尽快将局长的决定通知专利所有人。

（3）专利发明的实施应限于其获授权的目的，并应当在考虑下列情况后针对该实施向专利所有人支付足够补偿：

（a）根据决定确定的局长授权的经济价值；

（b）根据第（1）款（b）项作出决定的，纠正反竞争行为的需要。

（4）局长应当在听取专利所有人和任何其他利益相关方的陈述后，如其欲作陈述，根据第（3）款作出决定。

（5）只有在下列情形中方可实施半导体领域内的发明专利：

（a）用于公共非商业性用途；或

（b）司法部门或者相关当局认为专利所有人或者其被许可人实施专利发明的方式是反竞争的，部长信纳该授权将纠正该反竞争行为。

（5A）如果专利发明的利用涉及为第（1）款（a）项的目的，将药品进口到马来西亚：

（a）应通知与贸易有关的知识产权理事会；且

（b）如果已向出口国的专利权人支付了足够的报酬，则不得根据第（3）款向马来西亚的专利权人支付报酬。

（6）授权不得排除：

（a）专利所有人继续行使其在第 36 条第（1）款项下的权利；或

（b）根据第 10 章签发强制许可。

（7）局长指定第三人的，授权仅可与该人的商誉或者业务或者实施专利发明的部分商誉或者业务共同被转让。

（8）局长指定的政府机构或者第三人实施获得专利的发明的，应主要用于供应马来西亚的市场。

（9）应下列各方请求：

（a）专利所有人；或

（b）获授权实施发明专利的政府机构或者第三人；

局长可在听取各方陈述后，如一方或双方欲作陈述，变更授权实施专利发明的决定的条款，只要变化了的情况证明该变更是合理的。

（10）局长信纳第（1）款所规定的致使其作出授权决定的情形已不存在且不可能再次发生，或者其指定的政府机构或者第三人来遵守授权决定所限制之条件的，应当根据专利权人的请求终止授权。一方或者双方要求举行听证的，局长还需在终止授权前进行听审。

（11）尽管有第（10）款的规定，但是局长如果信纳充分保护政府机构或者经其指定的第三人的合法利益之需要能够证明维持该决定是合理的，则不得终止授权。

（12）专利所有人、获授权实施专利发明的政府机构或者第三人可针对局长根据本条所作决定向法院提起诉讼。

（13）在本条款中，政府机构，指联邦政府或者州政府，也包括政府的有关部门。

第 85 条　注册主任拒绝授予专利权

注册主任觉得授予专利权将损害国家利益或者安全的，在行使其权力时有权拒绝针对局长根据本法制定的条例中规定的产品或者方法授予专利权。

第 86 条　专利代理人

（1）专利登记局应备存专利代理人登记簿。

（2）任何人非经在专利代理人登记簿中登记，不得作为专利代理人开展业务、执业、行事，不得将自己称为或者显示自己为或者允许自己被称为或者被显示为专利代理人。

（3）第（2）款所述的专利代理人登记应当符合局长根据本法制定的条例。

（3A）注册主任可根据规定的理由取消专利代理人的注册。

（4）专利代理人的任命或变更，

（a）应以注册主任确定的格式提交并缴纳规定的费用；和

（b）除非该任命或变更已在专利代理人登记簿上登记，否则不具有对抗

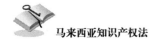
任何第三人的效力。

（5）非马来西亚居民须经专利代理人，方可根据本法就其专利参与专利登记局的相关程序。

第86A条　知识产权公报

（1）注册主任应出版官方公报，其中应包括：

（a）根据本法或根据本法制定的任何规定而必须公布的与专利申请和专利有关的所有事项；和

（b）注册主任认为必要的有关专利申请和专利的其他信息或事项。

（2）注册主任在收到规定费用后，应向任何人提供官方公报。

（3）在官方公报上公布即构成对本法或根据本法制定的任何条例要求公布的任何事项的充分通知。

（4）在任何法律程序中出示的官方公报副本应被认定为证据，而无须进一步证明该副本是如何出版的。

（5）官方公报副本应作为其所述事实的表面证据。

（6）如官方公报以多种形式出版，则官方公报的出版日期应被视为该官方公报以任何形式首次出版的日期。

第87条　条　　例

（1）在符合本法规定的情况下，局长可制定条例以实施本法规定。

（2）特别地并且在不损害第（1）款一般性的情况下，该等条例可以规定下列任何或者所有事项：

（a）规管在注册主任席前或者专利登记局进行本法项下任何法律程序或者其他事项而须遵循的程序，包括送达文件；

（b）为了专利登记的目的对产品（包括方法和程序）进行分类；

（c）制作或者要求制作专利或者其他文件的复制件；

（d）促成和规管以局长认为适当的方式公布、销售或分发专利和其他文件的副本；

（e）规定专利申请应支付的费用和针对本法规定的其他事项应支付的其他费用；

（f）规定本法项下使用的簿册、登记簿、文件和其他事项；

（fa）规定国家保管机构并规范与国家保管机构有关的所有事项；

（fb）规范以电子方式提交或签发文件；

（fc）监管与专利代理人有关的所有事项；

（g）一般性地规管与在专利登记局开展的专利事务有关的事项，无论本法是否明确规定。

第87A条 注册主任的指令或惯例通知

（1）在注册主任认为必要的情况下，注册主任可就本法的任何条款或根据本法制定的任何条例向任何人发出指令或惯例通知。

（2）注册主任根据第（1）款发布的指令或惯例通知应在官方公报上被公布并在该指令或惯例通知中规定的日期生效。

（3）指令或惯例通知中指明的任何人均应遵守该指令或惯例通知。

（4）注册主任可全部或部分修改根据本条发出的指令或惯例通知。

（5）第（2）款和第（3）款适用于根据第（4）款对指令或惯例通知作出的任何修订。

（6）如果注册主任发出的指令或惯例通知中指定的人不遵守该指令或惯例通知，则根据本法提出的任何申请或专利应（视情况而定）视为放弃、撤回、视为撤回、无效或失效。

第88条 上 诉

（1）对注册主任或者专利登记局的决定或者命令表示不满的任何人均可上诉至法院。

（2）第（1）款规定的上诉程序应按照民事案件的法院规则进行。

第88A条 法院诉讼费用

在法院审理的所有诉讼中，法院可酌情判给包括注册主任在内的任何一方其认为合理的费用，但不得命令注册主任支付任何一方的费用。

第88B条 免受诉讼和法律程序的保护

不得在任何法院针对下列人员提起、提出或者维持动议、诉讼、起诉或其他程序：

（a）注册主任、副注册主任、助理注册主任或审查员为执行本法而命令或实施的任何行动；和

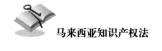

（b）任何其他官员根据注册主任的命令、指示或指令作出或意图作出的任何行为；

如果前述命令或实施行为是出于善意并有理由相信该命令或实施行为对实现预期目的，是必要的。

第88C条　向注册主任送达申请书、命令或判决书

（1）向法院提出的每份与专利申请或诉讼中的专利有关的申请的副本，包括对该申请的上诉的副本，应由申请方以规定的方式送达注册主任并支付规定的费用。

（2）在收到申请，包括依第（1）款提出的上诉在内的副本后，注册主任可根据法院进一步的条件、指示、命令或判决，以其认为合适的方式更改专利申请或专利的状态。

（3）法院在完成第（1）款规定的申请，包括依第（1）款提出的上诉之后，作出的任何命令或判决均应以规定的方式被送达注册主任并由命令或判决的受益方支付规定的费用。

（4）注册主任在收到第（3）款规定的命令或判决后，应：

（a）在登记册中记录法院命令或判决；和

（b）如果注册主任认为有必要，可安排在官方公报上公布该命令或判决。

第88D条　注册主任不得成为某些诉讼的当事人

在没有针对注册主任的诉讼理由的情况下，注册主任不应成为下列诉讼的当事人：

（a）根据第19条进行的转让诉讼；

（b）对注册主任根据第51条授予强制许可的决定提出的上诉；

（c）根据第55A条对注册主任在异议程序中作出的决定提出的上诉；

（d）根据第56条规定的无效程序；

（e）根据第59条规定的侵权诉讼；或

（f）对局长根据第84条对作出的决定提出上诉。

第88E条　修订附表的权力

局长可在官方公报上发布命令，对本法附表进行修订。

第 89 条　废除和保留条款

废除 1951 年英国专利注册法（第 215 号法律），沙捞越州专利条例（沙捞越州第 61 章），沙巴州适用英国专利注册法（沙巴州第 124 章）和 1967 年专利法（政府权力）（1967 年第 53 号法律）：（第 A648 号法律第 36 条），但是：

（a）根据已废除法律制定的附属立法与本法规定不冲突的，应继续有效，如同根据本法制定一样，并且可以相应地被予以废除、扩张、修改或者修订；

（b）根据已废除法律或者其附属立法所作出的任命应当继续有效，如同根据本法制定一样，但局长另行指示的除外；

（c）根据已废除法律针对专利签发或者作出的且在本法生效前有效的任何证书或者授权应继续有效：

（ⅰ）只要原始专利在英国继续有效；或

（ⅱ）自申请日起满 20 年（以较早发生者为准）。

第 90 条　过渡性条款

（1）根据第 89 条废除的法律或者条例提交申请的，注册主任可针对该申请签发证书或进行授权，一如该法律或者条例未被废除一样，并且该证书或者授权应继续有效：

（a）只要原始专利在英国继续有效；或

（b）自申请日起期满 20 年（以较早发生者为准）。

（2）在 1977 年英国专利法生效前 24 个月内授予专利的，专利所有人可以在本法生效后 12 个月内申请证书或者授权，且注册主任可以针对该申请签发证书或者授权，一如根据第 89 条废除的法律或者条例未被废除，且该证书或者授权应继续有效：

（a）只要原始专利在英国继续有效；或

（b）自申请日起期满 20 年（以较早发生者为准）。

（3）根据第 A863 号法律第 46 条废除。

（4）在本法生效前，已经依据英国 1977 年专利法提出专利申请或者指定英国的申请已经被提交至欧洲专利局的，申请人可以在本法生效后 12 个月内根据本法申请授予专利，而且该申请应该被赋予其在英国被赋予的申请日和优先权。

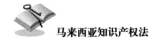

表1 （第7条）根据第A1137号法律废除

表2 对适用于实用新型相关规定的修改（第17A条）

第3条

在定义中，以"实用新型证书"和"实用新型证书申请"分别代替"专利"和"专利权申请"。

第13条

1. 以"实用新型"代替"发明"。

2. 以"可授予实用新型证书的"代替"可授予专利权的"。

第14条

以下列内容代替该条规定：

第14条 新颖性

（1）一项实用新型如无法通过现有技术进行预测，则在马来西亚具有新颖性。

（2）现有技术应该包括：

（a）主张实用新型的实用新型证书申请的优先权日之前，在世界任何地方以书面出版物、口头披露、使用或者任何其他方式向公众披露的任何事项；

（b）与（a）项所述申请相比具有较早优先权日的国内实用新型证书申请的内容，但该等内容应被纳入基于该国内申请授予的实用新型证书。

（3）根据第（2）款（a）项所作披露在下列情况下不予考虑：

（a）该披露发生在申请日之前一年内且该披露是申请人或其所有权前任人实施的行为所导致的；

（b）该披露发生在专利申请日之前一年内且该披露是因为或者滥用申请人或者其所有权前任人的权利所导致的。

第 16 条

以"实用新型"代替"发明"。

第 5 章

（除下文另有规定外）

1. 以"实用新型证书"代替"专利权"。

2. 以"创新人"代替"发明人"。

3. 以"实用新型"代替"发明"。

4. 以"一项实用新型"代替"一项发明"。

第 19 条

以下列内容代替该条规定：

第 19 条　实用新型申请或者实用新型证书的判决转让

在下列申请或者证书中主张的实用新型的基本要素：

（a）实用新型证书申请；或

（b）实用新型证书非法源于属于他人的专利权或者实用新型证书的发明或者实用新型的，该他人可申请法院命令向其转让该申请或者证书；

但自实用新型证书授予之日起满 3 年的，法院将不再受理该实用新型证书的转让申请。

第 6 章

（除下文另有规定外）

1. 以"实用新型证书"代替"专利权"。

2. 以"创新人"代替"发明人"。

3. 以"实用新型"代替"发明"。

4. 以"一项实用新型证书申请"代替"一项发明申请"。

第 28 条

以"权利要求"替代第 1 款（d）项中的"一项或者多项权利要求"。

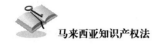

第 29 条　根据第 A863 号法律第 47 条废除

第 31 条

1. 在第（2）款中

（a）至（b）根据第 A1137 号法律第 16 条废除；

（c）以"实用新型证书"替代（a）项中的"专利授予证书与专利副本"；

（d）以下列内容代替（b）项："指示注册主任在实用新型证书登记簿上对该实用新型证书进行登记。"

2. 根据第 A1137 号法律第 16 条废除。

第 33B 条

以"实用新型证书"代替"专利授予证书"。

第 34 条

以"任何实用新型证书申请"代替"任何专利申请"。

第 35 条

以下列内容代替该条规定：

第 35 条　实用新型证书的期限

（1）实用新型证书期限为自申请日起 10 年。

（1A）在不影响第（1）款规定且符合本法其他规定的情况下，实用新型证书应当自签发实用新型证书之日起被视为已授予并生效。

（2）尽管有第（1）款的规定，但是实用新型证书的所有人可以在第（1）款规定的 10 年期间届满前申请续展 5 年，并可以在续展的 5 年期间届满前申请再次续展 5 年。

（3）第（2）款项下的续展申请应当随附实用新型证书所有人的宣誓书，表明该实用新型在马来西亚正进行工业或者商业使用或者令人信纳地解释未使用的原因，且需要缴纳规定的费用。

（4）实用新型证书所有人希望保持证书效力的，应当在证书期间第三年和其后每一年届满之日前 12 个月支付规定的年费；

但是，期满后按规定缴纳附加费的，应当被给予 6 个月的宽限期。

（5）未根据第（4）款缴纳年费的，实用新型证书将失效，且应在官方公报中公布证书因未缴纳任何年费而失效的通知。

第 7 章

（除下文另有规定外）

1. 以"实用新型证书"代替"专利权"。

2. 以"已授予证书的实用新型"代替"专利发明"。

3. 以"实用新型证书申请"代替"专利权申请"。

4. 以"实用新型"代替"发明"。

第 37 条

1. 在第（2）款中：

（a）以句号代替（ⅲ）项末尾的分号；

（b）废除（ⅳ）项。

2. 废除第（5）款中的"第 51 条和第 52 条有关强制许可的规定"。

第 38 条

在第（1）款中：

（a）以句号代替首款但书末尾的分号；

（b）删除第（2）款但书。

第 8 章

1. 以"实用新型证书申请或者实用新型证书"代替"专利申请或者专利"。

2. 以"实用新型证书申请或者实用新型证书"代替"专利申请或者专利"。

3. 以"实用新型证书申请"代替"专利申请"。

4. 以"实用新型证书"代替"专利"。

5. 以"已授予证书的实用新型"代替"专利发明"。

第 9 章

1. 以"实用新型证书"代替"专利"。

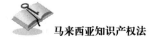

2. 以"实用新型"代替"发明"。

3. 以"已授予证书的实用新型"代替"专利发明"。

4. 以"实用新型证书申请"代替"专利申请"。

第11章

（除下文另有规定外）

1. 以"实用新型证书"代替"专利"。

2. 以"实用新型"代替"发明"。

第55条

废除第（2）款和第（3A）款。

第56条

1. 以内容规定代替第（2）款（a）项："（a）实用新型证书中所称的实用新型并非第17条中所指的实用新型，或者根据第13条或第31条第（1）款不属于受保护的范围。"

2. 以"一项权利要求的部分内容，一项权利要求的该等部分"代替"部分权利要求或者一项权利要求的部分内容"。

第12章

（除下文另有规定外）

以"实用新型证书"代替"专利"。

第59条

在第（3）款中，以"2"代替"5"。

第61条

以下列内容代替第（1）款：

（1）在本条中，"受益人"指：

（a）"任何被许可人，但许可合同规定本款规定不适用或规定不同规定的除外。"

第 62 条

1. 废除第（3）款中"（3）"后的"（a）"。

2. 废除第（3）款（b）项。

第 13 章

（除下文另有规定外）

1. 以"实用新型证书"代替"专利"。

2. 以"已授予实用新型证书的产品"代替"专利产品"。

3. 以"实用新型"代替"发明"。

第 64 条

1. 在第（1）款中，以"已授权实用新型证书的产品或者方法"代替"专利产品或者方法"。

2. 删除第（2）款中的"'专利'或'享有专利'的字样"。

第 15 章

（除第 86 条外）

1. 以"实用新型证书"代替"专利"。

2. 以"实用新型"代替"发明"。

3. 以"实用新型证书"代替"专利"。

第 86 条

在第（5）款中，以"实用新型权"代替"专利"。

附注：保留和过渡性条款（依据第 A1649 号法令第 69 条）。

（1）根据主法已经提出的与专利申请或实用新型证书申请有关的任何申请或请求，如果在本法生效之日之前尚待处理，则在本法生效之日之后仍应按照主法的规定处理，如同主法未经本法修改一样。

（2）在本法生效之日之前，根据主法提出的与专利或实用新型证书有关的任何申请或请求正在审查中，在本法生效之日之后，仍应按照主法的规定进行审查，如同主法未被本法修改一样。

（3）在本法生效之日之前尚未审理的根据主法提起的与专利申请或实用新型证书申请

有关的任何诉讼，在本法生效之日之后仍应根据主法的规定继续进行，如同主法未被本法修改。

（4）在本法生效之日之前正在审理而尚未结案的根据主法采取或开始的与专利或实用新型证书有关的任何诉讼，在本法生效之日之后仍应根据主法的规定继续进行，如同主法未被本法修改。

（5）在本法生效之日前根据主法作出或发布的任何批准、决定、指示、通知或报告，在本法生效之日之后应继续完全有效，如同主法未经本法修改一样。

（6）在本法生效之日之前根据主法开始的任何调查、审判或诉讼，如在本法生效之日前尚未结案，在本法生效之日之后仍应根据主法的规定继续进行，如同主法未经本法修改一样。

（7）尽管有第（1）款、第（2）款、第（3）款、第（4）款、第（5）款和第（6）款的规定，但是：

（a）经本法第5条修订的主法第14条第（2）款（b）项在本法生效之日起适用根据本法第25条新增第33D条公布的专利申请；

（b）如果审查员根据主法第30条第（1）款或第（2）款作出的报告是在本法生效之日或之后发布的，则经修改的主法第17B条第（4）款和本法第6条新增第17B条第（4A）款应在本法生效之日起适用于根据主法提交的、在本法生效之日前尚未被处理的专利申请或实用新型证书申请；

（c）依主法第19条和第59款第（3）款规定的与专利申请或专利有关的5年期限在本法生效之日尚未届满的，则经本法第8条修改的主法第19条和经本法第49条修改的主法第59条第（3）款在本法生效之日起适用于该专利申请或该专利（视情况而定）；

（d）针对本法生效之日前待决的专利申请或实用创新证书申请，如果在本法生效之日或之后出现下列情况，则应适用本法第13条新增第26B条第（1B）款：

（ⅰ）认为审查员的报告不符合主法第26条，从而根据主法第30条第（1）或第（2）款已经提起异议；或

（ⅱ）注册主任签发了根据主法第30条第（1）或第（2）款作出的审查员的第一份报告；

（e）在本法生效之日前根据主法提交的专利申请或实用新型证书申请在本法生效之日或之后提出推迟实质审查或简易实质审查请求的，则本法第17条修改的主法第29A条第（6）款在本法生效之日起应适用于该专利申请；

（f）在本法生效之日前根据主法提出的专利申请或实用新型证书申请在本法生效之日或之后，自该申请的申请日或优先权日（如果该申请要求优先权）起18个月的期限尚未届满的，则本法第25条新增第33D条第（1）款（a）项在本法生效之日起应适用于该专利申请；

（g）在本法生效日之前根据主法提交的专利申请或实用新型证书申请在本法生效之日，自该申请的申请日或优先权日（如果该申请要求优先权）起的 18 个月期限尚未届满的，则本法第 25 条新增第 33D 条第（1）款（b）项在本法生效之日起应适用于该专利申请；

（h）在本法生效之日前根据主法提交的专利申请或实用新型证书申请，根据第 34 条第（3）款提出的查阅请求是在本法生效之日或之后提出的，则经本法第 26 条修改的主法第 34 条第（3）款在本法生效之日起应适用于该专利申请；

（i）对于在本法生效之日前根据主法提交并根据本法第 25 条新增第 33D 条公布的专利申请或实用新型证书申请，本法第 27 条新增第 34A 条在本法生效之日起应适用于该专利申请；

（j）在本法生效之日前授予的专利或实用新型证书，在本法生效之日或之后在官方公报上公布了该证书失效的通知的，则经本法第 29 条修改的主法第 35A 条第（1）款在本法生效之日起，应适用于该通知；

（k）本法第 30 条新增的第 36 条第（1）款（d）项在本法生效之日起应适用于仍然有效的专利或实用新型证书；

（l）本法第 45 条和第 47 条分别新增的第 55A 条和第 56A 条分别适用于本法第 45 条和第 47 条生效之日授予的专利或实用新型证书；

（m）本法第 57 条新增的第 79A 条第（1A）款自本法生效之日起应适用于任何在本法生效之日前提交的、在本法生效之日正在等待注册主任审批的专利或实用新型证书的修改请求；

（n）本法第 60 条新增的第 82 条第（2）款自本法生效之日起适用于根据主法实施的任何行为或事项，且该等行为或事项的规定期限在本法生效之日前已经届满；

（o）本法第 68 条新增的第 88A 条应在本法生效之日起适用于在本法生效之日尚未结案的所有法院诉讼；且

（p）根据主法的规定必须在官方公报上公布的任何事项，如果在本法生效日之前仍未被公布，则自本法生效之日起在官方公报上公布且该事项应被视为根据主法在官方公报上公布。

（8）经本法第 31 条（a）项和（c）项修改的主法第 37 条第（1）款和（3）款在本法生效之日起适用于在本法生效之日仍然有效的专利或实用新型证书。

（9）经本法第 31 条（b）项修改的主法第 37 条第（1A）款自本法第 31 条（b）项生效之日起适用于本法第 31 条（b）项生效之日仍然有效的专利或实用新型证书。

（10）自本法生效之日起，经本法第 33 条修改的主法第 39 条第（4）款不应影响在本法生效之日前达成的任何担保权益交易。

（11）在本法第 2 条（a）项生效之日前根据主法的规定在官方公报上公布的任何

事项：

（a）应被视为已在官方公报上公布，本法第 64 条中新增的第 86A 条应在不影响任何其他成文法的情况下予以适用；和

（b）将继续保持完全有效，直至官方公报另行公布。

商标法

商标法[*]

（第 815 号法律）

本法规定了与商品和服务有关的商标注册并实施相关条约和其他相关事项。

由马来西亚议会颁布，内容如下。

第 1 部分　序　　言

第 1 条　简称和生效

（1）本法可引用为 2019 年商标法。

（2）本法自部长通过公报通知指定的日期生效。部长可以指定本法不同部分或不同条款的不同生效日期。

第 2 条　释　　义

（1）在本法中，除本法另有规定外：

助理处长和副处长，指根据第 10 条第（3）款获委任为商标助理处长或商标副处长的人。

证明商标，具有第 73 条第（1）款给予该词的含义。

集体商标，具有第 72 条第（1）款给予该词的含义。

公约国，指在任何有关商标的多边条约中与马来西亚同是缔约国的国家。

公约申请，指在公约国提交的商标保护申请。

公司，指根据 2002 年马来西亚知识产权公司法（第 617 号法律）设立的马来西亚知识产权公司。

法院，指高等法院。

＊ 马来西亚商标法系 1976 年颁布，后经多次修订。本译文根据马来西亚知识产权局官网发布的 2019 年马来西亚商标法（第 815 号法律）英文版本翻译。——译者注

被宣布的外国，指部长根据第 27 条第（1）款宣布的国家。

显著特征，就注册范围内的使用而言，指商标能够区分服务商品：

（a）能够将与商标所有人在贸易过程中相联系或可能相联系的商品或服务与他人的商品或服务相区分；或

（b）在不存在上述联系或在该商标已注册或意图注册的情况下，受条件、修订、修改或限制的约束。

地理标志，具有 2000 年地理标志法（第 602 号法律）第 2 条给予该词的同样含义。

国际注册簿，指国际局备存的有关商标国际注册的官方数据集。

国际注册，指在国际注册簿上注册商标。

被许可人，指经商标所有人（无论是否注册）授权，有权行使第 10 部分项下权利的人。

限制，指对商标注册所赋予的商标专用权的限制，包括针对下列内容对该权利的限制：

（a）使用方式；

（b）在马来西亚境内的领土范围内使用；或

（c）与出口到马来西亚以外市场的货物有关的使用，或与在马来西亚以外地方提供的服务有关的使用。

《巴黎公约》，指于 1883 年 3 月 20 日签署并经过修订的《保护工业产权巴黎公约》。

规定的，就法院诉讼程序或初步程序或与其有关的程序而言，指根据 1964 年法院法（第 91 号法律）组建的规则委员会制定的法院规则所规定的；在其他情况下，指部长根据本法制定的条例所规定的。

指定马来西亚的受保护国际注册，指商标国际注册所产生的保护延伸至马来西亚的商标。

注册簿，指根据第 14 条备存的商标注册簿。

注册所有人，指当时在注册簿中被登记为注册商标所有人的人。

注册商标，具有第 16 条给予该词的含义。

可注册交易，指由处长根据第 160 条在指引或业务指示中确定的交易。

处长，指根据第 10 条第（1）款被任命为商标处长的人。

已废除的法，指 1976 年商标法（第 175 号法律）。

标志，包括任何字母、文字、名称、签名、数字、图形、品牌、标题、标签、票据、商品或其包装的形状、颜色、声音、气味、全息图、定位、运动顺序或其任何组合。

本法，包括根据本法制定的任何附属立法。

贸易，包括任何业务或专业。

移转，指通过下列方式移转：

（a）根据法律；

（b）遗嘱处置；或

（c）除转让外的任何其他形式的转移。

TRIPS，指构成《建立世界贸易组织的协议》附件1C的1994年《与贸易有关的知识产权协定》。

第3条　商标的定义

（1）商标，指能够以图形表示的能够将一家企业的商品或服务与其他企业的商品或服务相区分的任何标志。

（2）标志即使是被用于企业贸易或业务所附属的服务，也可构成商标，无论该服务是否被以金钱或金钱的价值提供。

（3）本法中对商标的提述，除本法另有规定外，包括对集体商标或证明商标的提述。

第4条　驰名商标的定义

（1）驰名商标，指在马来西亚驰名并属于下列人员的任何商标：

（a）是公约国的国民；或

（b）在公约国居住或设有真实有效的工业或商业营业所；

无论该人是否在马来西亚开展业务或是否有任何商誉。

（2）在确定商标是否在马来西亚驰名时，处长或法院应考虑规定的标准。

第5条　在先商标的定义

在先商标，指：

（a）其注册申请早于有关商标的注册商标或指定马来西亚的受保护国际注册；

考虑针对商标所主张的多项优先权（视情况而定）；或

（b）在申请注册有关商标之日或在对申请主张优先权之日（视情况而

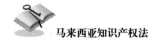

定）是驰名商标的商标；

包括已就其提出注册申请的商标，而该商标如获注册，便会凭借（a）项而成为在先商标，但须经如此注册。

第 6 条　侵权商品、侵权材料、侵权物品、假冒商品和假冒商标的定义

（1）就注册商标而言，商品或其包装上有与该商标相同或相似的标志且存在下列任一情况的，该商品是侵权商品：

（a）将该标志应用于该商品或其包装是侵犯该注册商标；

（b）该商品拟被进口到马来西亚，而在马来西亚将该标志应用于该商品或其包装将构成侵犯注册商标；或

（c）以其他方式就该商品使用该标志，以致侵犯注册商标。

（2）就注册商标而言，材料附有与该商标相同或相近的标志且存在下列任一情况的，该材料是侵权材料：

（a）作为商业用纸被用于贴标签或包装商品或用于宣传商品或服务，其使用方式侵犯注册商标；或

（b）意图如此使用，且如此使用会侵犯注册商标。

（3）侵权物品，就注册商标而言，指符合下列要求的物品：

（a）为制作与该商标相同或相似的标志的复制品而专门设计或改装；和

（b）他人明知或有理由认为其已被或将被用于生产侵权商品或材料而由其管有、保管或控制。

（4）就注册商标而言，商品存在下列任一情况的，属于假冒商品：

（a）就该商标而言是侵权商品；和

（b）商品或其包装上所带有的标志是假冒商标。

（5）就注册商标而言，标志存在下列任一情况的，属于假冒商标：

（a）与注册商标相同，存在刻意欺骗；和

（b）被应用于商品或服务：

（ⅰ）未经注册所有人明示或默示、有条件或无条件同意；和

（ⅱ）伪称该商品或服务是注册所有人或注册商标被许可人的真实商品或真实服务。

第 7 条　对商标使用的提述

（1）对商标使用的提述应被解释为对商标的印刷品或其他视觉或非视觉

表现的使用的提述。

（2）对针对商品使用商标的提述应被解释为对在商品上使用商标或与商品有实物或其他关系的商标使用的提述。

（3）对针对服务使用商标的提述应被解释为对作为服务声明或部分声明而使用该商标的提述。

（4）对商标的任何声音表现的提述应被解释为对商标使用的提述。

（5）他人使用了经添加或更改的商标的，如果处长或法院认为对商标的特性没有实质性影响，则处长或法院可以裁定该人使用了商标。

第 8 条　将商标用于出口贸易或贸易形式发生变化的情形

（1）将商标应用于将从马来西亚出口的商品且在马来西亚就该等商品采取了任何其他行为，而该行为如果已针对将在马来西亚销售或以其他方式交易的货物采取将构成在马来西亚就该等商品使用商标。

（2）商品或服务与使用该商标的人之间在贸易过程中存在某种联系的情况下针对商品或服务使用注册商标，不能仅由于商品或服务和该人或该人的所有权前任人之间在贸易过程中曾经存在或现在存在不同联系的情况下针对商品或服务已经或正在使用商标，而将之视为可能造成欺骗或混淆。

第 9 条　混淆可能性的认定

（1）在认定商标的使用是否可能使公众产生混淆时，处长或法院可考虑有关情况下属有关的所有因素，包括该使用是否可能与在先商标有关联。

（2）在认定标志的使用是否可能使公众产生混淆时，处长或法院可考虑有关情况下属有关的所有因素，包括该使用是否可能与注册商标有关联。

第 2 部分　管　　理

第 10 条　处长、副处长和助理处长

（1）公司总干事应是商标注册处处长并控制商标局。

（2）处长应履行本法规定的职责，行使本法赋予的权力，以妥善管理本法。

（3）公司可根据其确定的条款和条件，从该公司雇用的人员中任命为妥善管理本法所必要数量的商标注册副处长、助理处长和其他人员。

（4）在不违反处长的一般指示和控制以及处长可能施加的条件或限制的情况下，副处长或助理处长可行使处长在本法项下的任何权力。

（5）处长应备有公司批准的印鉴，而该印鉴的印痕应获司法认知并被采纳为证据。

第 11 条　对处长、副处长、助理处长和其他官员的保护

不得在任何法院对下列人员提起、进行或维持诉讼、指控或其他法律程序：

（a）就为实施本法而命令或实施的任何行为而言，针对处长、副处长、助理处长或任何其他官员；和

（b）就根据处长的命令、指示或指令而作出或意图作出的任何行为而言，针对任何其他官员，如果该行为是善意为之且该官员合理地认为该行为对于拟达到的目的是必需的。

第 12 条　商标局和其他分支机构

（1）根据已废除的第 5 条设立的中央商标局和地区商标局应分别被称为商标局和分支机构。

（2）除第（1）款外，为了本法的目的，应设立必要数量的商标局分支机构。

（3）本法要求在商标局提交的文件可以被在商标局的任何分支机构提交。本法中对在商标局提交的提述包括对在分支机构提交的提述。

（4）与商标局的所有通信均应使用马来语或英语。

第 13 条　处长的初步意见和检索

（1）处长可向任何拟申请在注册簿注册商标的人提供初步意见及检索结果，以确定该商标是否为表面上可予注册的商标。

（2）任何人可在缴付规定费用后，以处长确定的格式申请初步意见和检索结果。

（3）尽管商标注册申请是在规定期间内被提出且处长已给予肯定的初步意见或检索结果，但是处长在进一步调查或考虑后可提出任何拒绝，使该商标不可注册。

（4）在第（3）款所指的情况下，申请人在规定的期间内发出撤回申请

的通知后，有权在符合规定条件的情况下要求退还提交申请时支付的任何费用。

（5）申请人在第（2）款中提出的申请及处长给予的初步意见及检索结果均属机密，不得供公众查阅。

第 3 部分　商标注册簿

第 14 条　商标注册簿

（1）处长应备存被称为商标注册簿的注册簿。

（2）注册簿应载有所有与商标有关的规定事项及详情。

（3）注册簿应以处长确定的形式备存。

第 15 条　查阅注册簿

（1）以处长确定的格式提出申请并支付规定费用的，注册簿可在规定的条件下供公众查阅。

（2）在符合第（1）款规定的条件下，任何人如按处长规定的格式提出申请并支付规定费用，即可获得加盖处长印章的注册簿中任何登录内容的核证副本或摘要。

第 4 部分　商标注册

第 1 章　通　　则

第 16 条　注册商标

注册商标是根据本法规定进行商标注册而取得的财产权。商标注册所有人享有本法规定的权利和救济。

第 2 章　商标注册申请

第 17 条　商标注册申请

（1）存在下列任一情况的，主张是商标善意所有人的人均可申请商标注册：

（a）该人正在或意图在贸易过程中使用该商标；或

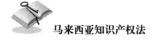

（b）该人已授权或意图授权他人在贸易过程中使用该商标。

（2）对商标注册申请应在规定期间内以处长确定的格式提出并缴纳规定的费用。

（3）申请注册的商标含有非罗马字、马来语或英语的文字或由其组成的，申请人应在规定期间内向处长提供下列内容：

（a）商标的音译；

（b）商标的翻译；或

（c）处长确定的任何信息。

（4）在规定期间内不符合第（2）款或第（3）款规定的要求的，视为撤回申请。

（5）申请商标注册的人可在规定期间内以处长确定的格式提交申请并缴纳规定费用，向处长要求进行快速审查。

第 18 条　多个类别的申请

（1）对于第 17 条第（2）款项下的申请，可向处长提出一项申请，列出属于数个分类类别的商品或服务。

（2）第（1）款项下的申请应产生一项注册。

第 19 条　商品或服务的分类

（1）为了商标注册的目的，应根据规定的分类制度对商品或服务进行分类。

（2）对任何类别所包含的商品或服务有任何问题的，由处长决定。

第 20 条　商标的颜色

（1）申请人可申请将商标的颜色全部或部分限制为一种或多种指明颜色。

（2）就第（1）款而言，或在申请人未申请将商标的颜色全部或部分限制为一种或多种指明颜色的情况下，处长在确定商标是否具有显著性时，可将商标的颜色全部或部分限制为一种或多种指明颜色。

（3）商标注册时对颜色没有限制的，应被视为对所有颜色进行了注册。

第 21 条　商标的系列

（1）商标符合下列条件的，可以根据第 17 条第（2）款提出一项申请，要求注册多项商标：

（a）在实质性细节方面彼此相似；和

（b）仅在下列一项或多项内容上存在差异：

（ⅰ）关于使用或意图使用商标的商品或服务的声明或陈述；

（ⅱ）关于数量、价格或质量的声明或陈述；

（ⅲ）不实质影响商标特性的标准字体；或

（ⅳ）商标任何部分的颜色。

（2）申请符合第（1）款所有要求的，处长应将商标作为系列商标一次注册。

（3）已作为系列商标的一部分注册的商标可以被独立使用。

第22条 提交日期

（1）处长应将收到根据第17条提出的商标注册申请的日期记录为提交日期。

（2）第17条项下的要求在不同日期符合的，处长应将最后一日记录为提交日期。

（3）根据第26条、第27条或第28条主张的任何优先权日期对根据第（1）款或第（2）款记录的申请提交日期没有影响，但为根据第29条第（2）款进行查询的目的除外。

第3章 拒绝注册的理由

第23条 拒绝注册的绝对理由

（1）在符合第（2）款的规定的情况下，处长应根据下列拒绝注册的绝对理由拒绝注册商标：

（a）不能以图形表示且不能将一个企业的商品或服务与其他企业的商品或服务相区分的标志；

（b）缺乏任何显著特征的商标；

（c）完全由标志或指示组成的商标，其在贸易中可被用于指定商品或服务的种类、质量、数量、预期目的、价值、地理来源、其他特征或生产商品或提供服务的时间；或

（d）完全由标志或指示组成的商标，其在该地区现行语言中或在有关行

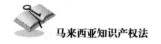

业的诚实和已确立的做法中已被惯用。

（2）尽管有第（1）款（b）项、（c）项和（d）项的规定，但是如果在申请注册之日前，商标因使用而事实上已具有显著特征的，处长不得拒绝注册该商标的申请。

（3）标志完全由下列内容组成的，处长应拒绝将该标志注册为商标：

（a）因货物本身的性质而产生的形状；

（b）为取得技术成果所必需的商品形状；或

（c）使该商品具有实质价值的形状。

（4）尽管有第（1）款和第（2）款的规定，但是存在下列任一情况的，处长应拒绝将其注册为商标：

（a）该商标完全由国家名称组成；或

（b）该商标包含公认的地理标志或由其组成。

（5）除第（1）款、第（3）款和第（4）款的理由外，处长可基于下列任何一项拒绝注册的绝对理由拒绝注册商标：

（a）该商标的使用很可能欺骗公众或造成混淆或违反任何成文法；

（b）其性质是针对商品或服务的性质、质量或地理来源欺骗或误导公众；

（c）商标违反公众利益或道德；

（d）商标包含任何恶意中伤或使人反感的内容或由其组成，或在其他情况下无权受到任何法院的保护；

（e）商标含有处长认为损害或可能损害国家利益或安全的内容；

（f）商标包含在世或已故的另一人的姓名或图示或由其组成，除非申请人向处长提供该人（如在世）或其代表（如已故）的同意；

（g）商标包含国家的国旗、国徽、徽记、徽章或皇室纹章或由其组成，除非申请人向处长提供第 78 条或第 79 条（视情况而定），规定的主管当局或国际政府间组织的授权；

（h）商标包含通常被用作或被接受为任何单一化学元素或单一化学化合物（有别于混合物）的名称，或被世界卫生组织宣布为国际非专有名称，或与该种名称具有欺骗性的相似或由其组成，但该名称被用于下列目的的除外：

（ⅰ）仅表示品牌或使商标所有人或被许可人制造的元素或化合物有别于他人制造的元素或化合物；和

（ⅱ）与开放供公众使用的适当名称或说明有关；或

（i）该等商标包含下列任何标志或与任何该等标志相似的标志或由其组

成，且该等标志很可能被视作该标志：

（i）"专利"、"已获专利"、"专利特许证"、"已注册"、"注册外观设计"和"版权"等字样或任何语言的类似字样；或

（ii）任何规定的标志。

第 24 条　拒绝注册的相对理由

（1）商标与在先商标相同且申请商标的商品或服务与在先商标的商品或服务相同的，处长应拒绝注册该商标。

（2）有下列任一情况，存在公众混淆可能性的，注册局应拒绝注册该商标：

（a）该商标与在先商标相同且将针对与在先商标相似的商品或服务注册；或

（b）该商标与在先商标相似且将针对与在先商标相同或相似的商品或服务注册。

（3）存在下列任一情况的，处长应拒绝注册商标：

（a）该商标与驰名商标相同或相似且其没有在马来西亚针对与驰名商标所有人相同的商品或服务注册；或

（b）该商标与驰名商标相同或相似，且其在马来西亚所注册的商品或服务与驰名商标注册的商品或服务不相同或不相似，和：

（i）针对该等商品或服务而使用该商标会表明该等商品或服务与驰名商标所有人之间存在关联；

（ii）公众有可能因该使用而产生混淆；和

（iii）该驰名商标的所有人的利益很可能因该使用而受到损害。

（4）在符合第（6）款的规定的情况下，商标在马来西亚的使用因下列原因被阻止的或在阻止范围内，处长应拒绝注册该商标：

（a）根据保护未注册商标或在贸易过程中使用的其他标志的任何法律规则，包括根据假冒法；或

（b）根据（a）项或第（1）款至第（3）款所述权利以外的在先权利，包括版权法或工业品外观设计法项下的权利。

（5）在本法中将有权阻止使用商标的人称为第（4）款中与商标有关的"在先权利"的所有人。

（6）在先权利所有人在根据第 35 条进行的反对注册的法律程序中提出第

（4）款规定的任何理由的，处长可拒绝注册商标。

（7）尽管有第（1）款、第（2）款、第（3）款及第（4）款规定的拒绝注册的相对理由，但是如在先商标或其他在先权利的所有人以规定的方式同意注册且在考虑到公众利益及公众产生混淆可能性的情况下，处长可注册该商标。

（8）就本条而言，在先商标注册期满的，处长在决定某商标的可注册性时，应在该商标期满后 12 个月内继续考虑该在先商标。

第 25 条　诚实地并存使用等

（1）处长或法院信纳存在下列任一情况的，第 24 条并不妨碍商标注册：

（a）该商标与在先商标或其他在先权利存在诚实地并存使用；或

（b）基于其他特殊情况，注册该商标是适当的。

（2）根据第（1）款进行商标注册的，应受处长或法院认为适当所施加的限制和条件的约束。

（3）本条的任何规定：

（a）均不会阻止处长以第 23 条项下任何理由拒绝注册商标；或

（b）均不会影响根据第 47 条第（3）款提出宣布无效的申请。

第 4 章　优先权

第 26 条　主张公约申请优先权

（1）已正式提交公约申请的人或其权利继承人，为在部分或全部相同商品或服务上提交相同商标注册申请的目的，在自第一份申请提交之日起 6 个月内享有优先权。

（2）在第（1）款中：

（a）在确定哪些权利优先时，提交第一份公约申请的日期应是相关日期；和

（b）从第一次公约申请提交之日至根据本法申请同一商标之日的期间内，该商标申请的可注册性不应受到该商标在马来西亚的任何使用的影响。

（3）因第（1）款规定的公约申请而主张优先权的，同一商标的注册申请应说明：

（a）提交第一份公约申请的日期；

（b）首次提交公约申请的公约国；

（c）相关公约国登记当局或其他主管当局给予的公约申请或登记号；和

（d）主张所涉及的商品或服务。

（4）根据公约国的国内立法或国际协定，在公约国相当于正规国家提交的任何申请应被视为产生优先权。

（5）在同一公约国就与首次公约申请相同的同一主题提出的在后申请，在提出时符合下列条件的，应被视为首次公约申请（其提交日期是优先权日期的开始之日）：

（a）在先申请已被撤回、放弃或拒绝，未公开让公众查阅，也没有留下任何未决权利；和

（b）该申请未作为主张优先权的基础。

（6）就第（5）款而言，在先申请不得作为主张优先权的依据。

（7）因公约申请而产生的优先权可与该申请被一并或单独转让或移转，且第（1）款中对申请人的"权利继承人"的提述应据此解释。

（8）就本条而言，正规国家提交，指足以确定申请在该国提交的日期的提交，无论该申请随后作何处置。

第 27 条　针对其他相关海外申请主张优先权

（1）部长可通过在公报上公布命令，宣布某个国家已与马来西亚作出商标相互保护的安排。

（2）就被宣布的外国而言，本条仅在该命令对该国继续有效的期间内适用。

（3）就本条而言，第 26 条的所有要求和程序均适用。

第 28 条　针对《巴黎公约》第 11 条规定的作为国际展览主题的商标进行临时保护所主张的优先权

（1）不管本法有任何规定，商标注册申请人可申请临时保护，该临时保护应被授予在马来西亚或任何公约国或经宣布的外国举行的官方或官方承认的国际展览会上作为展览会主题的商标。

（2）根据第（1）款授予的临时保护不得延长申请人在第 26 条中主张的任何优先权期限。申请人在临时保护之后主张优先权的，优先权期限仍为 6 个月并应从商品或服务进入展览之日起算。

（3）商标注册申请人，其商品或服务是在马来西亚或任何公约国或已宣布的外国举办的官方或官方承认的国际展览会上的展览标的物，并在该商品

或服务首次成为展览标的物之日起 6 个月内在马来西亚申请注册该商标的，经其请求，当该商品或服务首次成为展览标的物时，应被视为产生第 29 条第（2）款规定的检索目的的优先权。

（4）证明带有商标的商品或服务是在官方或官方承认的国际展览会上的展览标的物的证据，应是由展览会的主管当局签发的证书，并在马来西亚提交商标注册申请时被提交给注册局。

第5章 审 查

第 29 条 审查申请

（1）处长应审查商标注册申请是否符合本条规定的注册要求。

（2）为了根据第（1）款进行审查，处长应在他认为必要的范围内对在先商标进行检索。

（3）经审查后，处长凡发现该申请符合商标注册的任何要求的，须接受该申请。

（4）处长接受商标注册申请的，应在填写日期上记录第 22 条规定的申请填写日期。

（5）商标注册申请不符合商标注册要求的，处长应当以书面通知的方式告知申请人临时驳回的理由。申请人有机会：

（a）作出申述；

（b）修订该申请，以符合处长认为适合施加的条件、修订、变更或限制；或

（c）在处长在书面通知中指明的期间内提供额外或任何其他数据或证据。

（6）就第（5）款而言：

（a）申请人未在处长在书面通知中指明的期间内作出回应的，视为撤回申请；和

（b）申请人的回应不能使处长确信已符合该等要求的，处长应拒绝该申请。如果申请人要求，处长应以书面形式说明临时完全驳回的理由。

（7）应申请人请求，处长可在规定的情况下和规定的期间内推迟就商标注册申请采取任何行动。

（8）针对处长根据第（6）款（b）项作出的关于临时完全驳回的决定而向法院提出上诉的：

（a）上诉应被以规定方式提出；

（b）如有必要，法院应听取申请人和处长的意见；和

（c）有关上诉应根据处长说明其作出决定时所使用的材料进行听审，且除非获得法院的许可，处长不得提出其他暂时拒绝接受申请的理由。

（9）就第（8）款（c）项而言，凡有任何其他的暂时拒绝理由被接纳，申请人在以规定的方式发出通知后，有权撤回其申请，而无须支付费用。

（10）在裁定根据第（8）款提出的上诉时，法院应作出命令，在任何条件、修订、变更或限制（如有的话）的规限下，接受商标的注册申请。

（11）任何根据本条提交及获接受的商标注册申请，即使有处长或法院准许在该申请中作出任何条件、修订、变更或限制，仍应被视为在申请日期作出。

（12）在不损害第（11）款规定的原则下，在接受商标注册申请后但在该商标注册前，处长信纳：

（a）申请被错误地接受；或

（b）在该个案的特殊情况下，该商标不应注册，或应在施加附加或不同条件或限制的情况下注册；

处长可撤销对申请的接受，并按未接受申请的情况进行处理，或者仅就应在施加附加或不同条件或限制的情况下注册商标而言，可在施加附加或不同条件或限制的情况下重新发出新的接受通知。

第30条　自愿放弃、条件或限制

（1）商标注册申请人可按处长确定的格式申请：

（a）放弃对商标的任何特定要素的专属使用权；或

（b）同意该项注册所产生的权利须受处长施加的某些条件或限制所规限。

（2）根据第（1）款（a）项提出的任何申请包含或载有任何根据第23条和第24条拒绝注册的绝对和相对理由所不容许的事项的，处长可拒绝该申请。

（3）处长已接受申请的，不得撤销申请人根据第（1）款作出的免责声明或处长根据第（1）款施加的条件或限制。

第31条　接受的公布

（1）商标注册申请被接受的，处长应在知识产权官方公报上公布该申请。

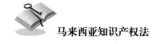

（2）根据第（1）款发布的公告应包含据以接受申请的所有弃权、条件、修订、变更或限制。

第6章　撤回、限制或修改商标注册申请

第32条　撤回、限制或修改商标注册申请

（1）申请人可在其申请所涉及的商标注册之前，以处长确定的形式提出请求，撤回其申请或限制申请所涉及的商品或服务。

（2）任何人在提交申请、通知或请求所依赖的权利或利益已归属他的情况下，可撤回申请或限制有关商品或服务。

（3）第（2）款所述之人应以规定的方式通知处长，该权利或权益已归属于该人。

（4）商标注册申请的接受已根据第31条被公布的，亦应公布该申请的撤回或商品或服务的限制通知。

（5）撤回或限制申请已由处长赋予其效力的，根据本条不得撤销。

第33条　商标注册申请的修改

（1）处长可应申请人的请求，在注册前的任何时候修改商标注册申请。

（2）根据第（1）款提出的请求应以处长确定的格式被提出，并应支付规定的费用。

（3）任何对商标注册申请的修订，仅可就下列事项作出：

（a）申请人的姓名或地址；

（b）措辞或复印错误；或

（c）明显错误；

且只有在修改后不会对商标的特征产生实质性影响，也不会扩大申请所涉及的商品或服务范围的情况下。

第7章　异　　议

第34条　异议理由

（1）在符合第35条第（3）款的规定下，注册所有人、其前业务员或受其控制或授权的人自下列任一时间曾连续使用该商标的，注册所有人可对商标注册提出异议：

（a）自申请人的商标、其前业务员或受其控制或授权的人使用之前的日期起；或

（b）自申请人提出申请之日前的日期起。

（2）可基于下列任一理由提出商标注册异议：

（a）第 23 条或第 24 条项下的任何理由；

（b）以申请人不是该商标的所有人为理由；或

（c）在符合第（3）款的规定下，基于下列理由：

（ⅰ）该商标与马来西亚的驰名商标相同并将在与马来西亚驰名商标相似的商品或服务上被注册；或

（ⅱ）该商标与马来西亚的驰名商标相似且该商标将被注册在与在先的马来西亚驰名商标相近的商品或服务上。

（3）被异议商标针对被异议商标注册的商品或服务的使用符合下列条件的，可提出第（2）款（c）项规定的异议理由：

（a）会显示该等商品或服务与在先驰名商标的所有人之间存在联系；

（b）会因被异议商标的使用而使公众产生混淆可能性；和

（c）可能损害在先驰名商标所有人的利益。

（4）第（2）款（c）项提及的异议理由只能针对在本法生效之日或之后提出商标注册申请的注册提出。

第 35 条　异议程序

（1）任何人均可在公告接受异议商标注册申请之日后规定的期间内以处长确定的格式提交异议通知书，支付规定的费用，并将异议通知书送交申请人。

（2）异议通知书应包括一份异议理由陈述，其中包含第 34 条规定的任何理由。

（3）在下列情况下，异议可以以提交通知的人以外的人的名义进行：

（a）在该人提交异议通知后，该人提交异议通知所依据的权利或利益归属于该另一人的；和

（b）（a）项中的另一人：

（ⅰ）以规定方式通知处长，该权利或权益已归属于该另一人；和

（ⅱ）不撤回该异议。

（4）申请人应在收到异议通知后规定的期间内以处长确定的格式提交反

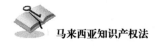

陈述，支付规定的费用；申请人未如此行事的，视为撤回申请。

（5）第（4）款中的反陈述应包括申请人据以提出申请的理由。

（6）异议人和申请人应在规定期间内以规定方式提交支持异议或反陈述（视情况而定）的证据和证物；异议人或申请人未如此行事的，视为撤回该异议或申请（视情况而定）。

（7）申请人根据第（6）款提交证据和证物的，异议人可按规定方式提交证据作答辩。

（8）处长在考虑该等证据和证物并给予申请人及异议人作出书面陈词的机会后，应决定：

（a）拒绝注册该商标；

（b）完全注册该商标；或

（c）在其认为合适的调整、修订、变更、弃权或限制的约束下注册该商标。

（9）在异议人或申请人以处长确定的格式提出请求并支付规定的费用后，处长可在规定的情况下并在规定的期间内推迟就该异议程序采取任何行动。

（10）针对处长拒绝注册商标或拒绝绝对注册商标或在本条项下调整、修订、变更、弃权或限制的规限下注册商标的决定而向法院提出上诉的：

（a）上诉应以规定方式提出；

（b）法院应在必要时对各方和处长进行听审；和

（c）任何一方均可按规定的方式或经法院特别许可提出进一步的材料供法院考虑，但除异议人所述的理由外，非经法院许可，不得允许异议人提出其他反对商标注册的理由。

（11）提出任何进一步反对理由的，申请人有权在按规定发出通知后撤回其申请而无须支付异议人的费用。

（12）在根据本条提出的任何上诉中，法院在听取处长的意见后，可允许拟注册的商标以任何不实质影响商标特性的方式进行修改，但在任何该情况下，经修改的商标在注册前须在知识产权官方公报上被公布。

（13）发出异议通知的人、发出反陈述的申请人或上诉人既不在马来西亚居住，也不在马来西亚开展业务的，处长或法院可要求他为有关异议、申请或上诉（视情况而定）的程序性费用提供担保；未提供适当担保的，处长或法院可视为撤回该异议、申请或上诉（视情况而定）。

第8章 注 册

第36条 注 册

（1）商标注册申请已被受理且存在下列任一情况的：

（a）该申请未提出异议，且异议期间已过；或

（b）申请遭到异议，且作出的裁定有利于申请人的，

除非申请被错误地接受，否则处长应以所有人的名义在注册簿上注册该商标，该商标应在提交注册申请之日被注册，该日期应被视为注册日期。

（2）商标注册时，处长应向所有人发出加盖处长印章的商标注册通知书。

（3）注册所有人有意取得注册证书的，处长须发出注册证书，该证书等同于根据第（2）款发出的注册通知书。

（4）根据第（3）款提出的注册证明书申请应由注册所有人以处长规定的格式提出并支付规定的费用。

第5部分 分案和合并

第37条 分案申请

（1）商标注册申请或商标注册，经申请人或注册所有人请求，可被分为两份或多份单独的商标注册或商标注册申请。

（2）根据第（1）款提出的请求，应在商标注册之前或之后以处长确定的格式向处长提出并支付规定的费用。

第38条 合并申请

（1）两份或多份单独的商标注册申请或商标注册，经申请人或注册所有人请求，可合并为一份商标注册申请或一份商标注册。

（2）根据第（1）款提出的请求，应在商标注册之前或之后以处长确定的格式向处长提出并支付规定的费用。

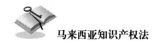

第6部分　注册商标的有效期和续展

第39条　注册的有效期和续展

（1）商标注册的期限为自注册之日起10年，并可根据第（2）款续展10年。

（2）注册所有人以处长确定的形式提出请求并支付规定费用的，可针对部分或全部商品或服务类别对商标注册予以续展。

（3）针对注册的部分商品或服务类别予以续展的，可适用第37条的规定。

（4）续展请求是在注册届满之日或之前提出的，应支付的费用是规定的续展费。

（5）续展请求是在注册届满日期后6个月内提出的，应支付的费用是规定的续展费和附加费。

（6）续期请求应在注册届满日期后6个月内提出。

（7）续展应在原注册届满后生效。

（8）不按照本条和第（4）款或第（5）款提及的条例续展注册的，该商标视为被删除。

（9）商标视为被删除的，注册所有人可在自删除之日起6个月内以处长确定的形式提出请求并支付规定的恢复注册费，要求恢复其已删除的注册。

（10）没有在该商标被视为已删除之日的6个月内根据第（9）款申请恢复注册的，该注册即停止。

（11）商标续展或恢复注册的情况应在知识产权官方公报上被公布。

第40条　未续展商标的状态

（1）就未续展商标而言，如果有下列情况，注册为该未续展商标所有人之外的人可申请商标注册：

（a）商标注册没有续展；或

（b）商标注册已被视为被删除且未恢复。

（2）未续展商标的注册申请是由注册为该未续展商标所有人之外的人提出的。就第29条第（2）款所指的申请审查而言，在该未续展商标的注册本可根据第 39 条续展及恢复的任何时间，该未续展商标应被视为注册商标。

第 41 条　停止注册

存在下列任一情况的，商标注册停止：

（a）该商标已根据第 39 条第（10）款停止，或根据第 45 条或第 46 条被撤销，或根据第 47 条无效；或

（b）该商标注册根据第 44 条被取消。

第 7 部分　更改、更正、撤销、废除和失效

第 42 条　注册商标的更改

（1）除第（2）款的规定外，不得更改注册簿中的注册商标。

（2）在注册所有人以处长确定的格式提出请求并支付规定的费用后，处长可允许更改注册商标；商标含有所有人的姓名或地址的，更改仅限于更改该姓名或地址。

（3）注册商标的更改不得对商标的特性产生实质性影响。

第 43 条　注册簿的更正

（1）注册所有人以处长规定的形式提出请求并支付规定的费用的，处长可作出下列任一行为：

（a）更正错误或输入注册所有人的名称、地址或描述的任何变化；

（b）在不以任何方式扩大现有商标注册所赋予的权利的情况下，更正对该商标所注册的商品或服务的详细描述；或

（c）在不以任何方式扩大现有商标注册所赋予的权利的情况下记入与商标有关的权利放弃。

（2）商标被许可人以处长规定的形式提出请求并支付规定的费用的，处长可在该被许可人的姓名、地址或描述中更正错误或记入任何更改。

（3）处长可相对于第（1）款和第（2）款而在登记册内作出任何更正，并可酌情就登记簿内的任何商标注册更正任何文书上的错误或遗漏。

（4）处长应在批准根据第（1）款和第（2）款所要求的更正及根据第（3）款作出更正（如有）后，发出注册通知。

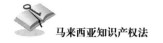

第44条　自愿注销注册商标

（1）处长应在注册所有人以处长确定的形式提出请求并支付规定费用后，注销部分或全部商品或服务的商标注册。

（2）在注销商标注册前，处长应通知：

（a）根据第9部分登记的任何主张对该商标拥有权利或权益的人；和

（b）在有人向处长申请注册该商标的转让或传转后，处长仍未记录该商标的转让或传转的情况下，该商标的受让人或传转人。

第45条　处长撤销注册

（1）存在下列任一情形的，处长应撤销商标注册：

（a）根据第35条第（1）款提交注册异议通知的，处长在决定注册该商标时没有考虑该异议；或

（b）在注册前，有人曾申请延长提交注册异议通知时间的，处长在决定注册商标时没有考虑该延长申请。

（2）第（1）款所指的撤销，须以处长在提交通知或提出申请后2个月内意识到其没有考虑到异议或申请延长提出异议通知的时间为前提。

（3）处长应在意识到其没有考虑异议或延展时间的申请后1个月内撤销商标注册。

（4）尽管有第（1）款、第（2）款及第（3）款的规定，但是处长在考虑到下列任一情况后，信纳撤销注册是合理的，可自商标注册之日起12个月内撤销商标注册：

（a）马来西亚根据国际协定或公约承担的任何相关义务；或

（b）使下列行为属于适当的任何特殊情况：

（ⅰ）不注册该商标；或

（ⅱ）只有在注册受限于弃权、条件、修订、变更或限制的情况下，才将该商标注册，而该注册并非受限于该弃权、条件、修订、变更或限制。

（5）尽管有第（2）款的规定，但是处长随后意识其未考虑相关情况的，可以根据第（4）款撤销该商标注册。

（6）在撤销商标前，处长应以处长确定的方式向下列人员发送拟撤销通知：

（a）商标的注册所有人；和

（b）根据第 9 部分登记的任何主张对该商标拥有权利或权益的人。

（7）处长不得在未给予下列人员陈词机会的情况下撤销商标的注册：

（a）商标的注册所有人；或

（b）根据第九部分登记的任何主张对该商标拥有权利或权益的人。

（8）处长根据本条撤销注册的：

（a）视为从未进行过登记；和

（b）已被撤销的注册应受制于处长确定的进一步审查或法律程序。

（9）尽管有任何要求处长考虑是否撤销任何注册的要求，但是处长也并无责任考虑是否撤销该注册。

第 46 条　法院以不使用商标为由撤销注册

（1）法院可根据被侵害人以下列任何理由提出的申请撤销商标注册：

（a）在发出注册通知之日起 3 年内，该商标没有由注册所有人或经其同意在马来西亚就该商标所注册的商品或服务真诚地使用，且没有适当的理由不使用；

（b）该商标所注册的商品或服务的使用已被不间断地暂停 3 年，且没有适当的理由不使用；

（c）由于注册所有人的不作为，该商标已成为注册的产品或服务的行业通用名称；或

（d）由于注册所有人就该商标所注册的商品或服务使用该商标，或经其同意而使用该商标，其有可能误导公众，包括在该等商品或服务的性质、质量或地域来源方面。

（2）除第（3）款的规定外，不得以第（1）款（a）项或（b）项所指的理由撤销商标的注册，前提是该款所指的使用在 3 年期限届满后但在申请撤销前开始或恢复。

（3）对第（1）款（a）项或（b）项所述任何使用，在 3 年期限届满后但在提出撤销申请前 3 个月内开始或恢复的，不予理会，但在所有人知悉可能会提出撤销申请前已开始准备该使用的除外。

（4）撤销的理由只存在于该商标所注册的部分商品或服务上的，撤销只应涉及该等商品或服务。

（5）商标注册在任何程度上被撤销的，注册所有人的权利应被视为从下列时间开始在该程度上停止：

（a）撤销申请的日期；或

（b）法院信纳撤销的理由在较早日期存在的，即为该较早日期。

第47条　法院宣布注册无效

（1）法院可在被侵害人以商标是在违反第23条的情况下注册为由提出申请后，宣布该商标的注册无效。

（2）尽管有第（1）款的规定，但是商标是在违反第23条第（1）款（b）项、（c）项或（d）项的情况下注册的，如该商标在注册后因其就所注册的商品或服务的使用而获得了显著性，则该商标不得被宣布为无效。

（3）商标注册可由法院根据被侵害人基于下列理由提出申请时宣布无效：

（a）根据第24条第（1）款、第（2）款或第（3）款存在在先商标；或

（b）根据第24条第（4）款存在在先权利。

（4）该在先商标或在先权利的所有人同意注册的，不得根据第（3）款宣布该商标的注册无效。

（5）商标已按第25条规定以该商标与在先商标或其他在先权利存在诚实地并存使用为理由而注册的，除非处长或法院信纳该商标与该在先商标或其他在先权利实际上没有被诚实地并存使用，否则该商标的注册不得被根据第（3）款宣布为无效。

（6）应被侵害人或处长申请，法院可基于注册存在欺诈或注册以失实陈述取得为理由，宣布该项注册无效。

（7）无效理由仅针对商标注册的部分商品或服务存在，该商标应仅针对该等商品或服务被宣告无效。

（8）商标注册在任何程度上被宣布为无效的，该注册在该程度上应被视为从未进行过，但这不应影响过去和已结束的交易。

第8部分　注册商标的效力

第1章　商标注册所有人的权利

第48条　注册商标所赋予的权利

（1）商标注册所有人针对商标注册的商品或服务享有下列专有权：

（a）使用该商标；和

（b）授权他人使用该商标。

（2）注册所有人有权就侵犯其商标的行为获得救济。

（3）构成侵犯商标的行为载于第 54 条，对侵犯注册商标的提述应作相应解释。

（4）自商标注册之日起，权利即归所有人，但下列情况除外：

（a）在该商标实际注册的日期之前不得启动侵权程序；和

（b）在该商标实际注册的日期前所作出的任何事情并不构成第 99 条至第 102 条的罪行。

（5）商标的注册受任何弃权、条件、修订、变更或限制的约束的，所有人的权利受该弃权、条件、修订、变更或限制的约束。

第 49 条　不同人注册类似商标时的权利限制

实质上相同或相似的商标已由一个以上的人根据第 25 条针对相同或不同的商品或服务进行注册的，其中任何一个商标的注册所有人无权阻止其中任何其他商标的注册所有人使用该商标，但前述所有人在其商标注册时获授权如此行事的除外。

第 50 条　由作为描述物品的标志而被接受的标志组成的商标

（1）注册商标包含或由一个标志组成，而该标志在商标注册日期后，在有关行业内被普遍接受为描述某物品、物质或服务的标志或作为该物品、物质或服务的名称的，适用本条。

（2）就第（1）款而言，商标由该标志组成的，注册所有人：

（a）不具有针对下列事项使用或授权他人使用商标的专有权：

（i）该物品或物质或其他同样商品；或

（ii）该服务或其他同样服务；和

（b）视为自法院根据第（4）款决定的日期起（包括该日）已不再拥有该等专有权。

（3）就第（1）款而言，商标含有该标志的，注册所有人：

（a）不具有针对下列事项使用或授权他人使用该标志的专有权：

（i）该物品或物质或其他同样商品；或

（ii）该服务或其他同样服务；和

（b）视为自法院根据第（4）款决定的日期起已不再拥有该等专有权。

（4）就第（2）款及第（3）款而言，法院可决定标志首次在有关行业内获普遍接受为描述有关物品、物质或服务的标志或作为该物品、物质或服务的名称的日期。

第 51 条　与先前根据专利制造的物品有关的商标

（1）本条适用于下列情况：

（a）注册商标含有描述下列各项的标志或是下列各项的名称的标志或由其组成：

（ⅰ）先前根据专利开发的物品或物质；或

（ⅱ）先前作为专利程序提供的服务；

（b）该专利已过期或停止至少 2 年；和

（c）该标志是描述或识别该物品、物质或服务的唯一众所周知的方式。

（2）该商标包含第（1）款（a）项所述标志或由其组成的，注册所有人：

（a）不具有针对下列事项使用或授权他人使用商标或标志的专有权：

（ⅰ）该物品或物质或其他同样商品；或

（ⅱ）该服务或其他同样服务；和

（b）自该专利到期或停止后的 2 年期间结束时起，视为不再拥有该等专有权。

第 52 条　注册的表面证据

在与注册商标有关的所有法律程序中：

（a）注册簿是其所载任何事项的表面证据；

（b）对第 65 条项下任何可予登记的交易规定详情的登记是该交易的表面证据；和

（c）某人注册为商标注册所有人的，即为下列事项的表面证据：

（ⅰ）商标原始注册的有效性；和

（ⅱ）任何后续转让和传转。

第 53 条　注册具有决定性

在与注册簿中的商标有关的所有法律程序中，商标的原始注册在自注册之日起 5 年后应被视为在所有方面有效，除非能够表明：

（a）原始注册是以欺诈手段取得的；

（b）该商标违反了第 23 条第（5）款（a）项、（c）项、（d）项或（e）项；或

（c）在法律程序开始时，该商标在注册所有人的商品或服务上缺乏显著性。

第 2 章　商标侵权

第 51 条　构成侵犯注册商标的行为

（1）在贸易过程中未经注册所有人同意，在与注册商标相同的商品或服务上使用与该商标相同的标志的，即构成对注册商标的侵犯。

（2）未经该商标所有人同意，在贸易过程中使用下列标志的，即属侵犯该注册商标：

（a）与商标相同并被用于与该商标所注册的商品或服务类似的商品或服务；或

（b）与商标相似并被用于与该商标注册的商品或服务相同或相似的商品或服务，导致有使公众产生混淆的可能性。

（3）就本条而言，下列情况属于对标志的使用：

（a）将该标志应用于商品或其包装上；

（b）在该标志下要约出售或展示出售商品；

（c）将该标志下的商品投入市场；

（d）为要约出售或展示出售或投入市场的目的而在该标志下储存商品；

（e）在该标志下要约提供或提供服务；

（f）在该标志下进口或出口商品；

（g）在发票、目录、商业信函、商业文件、价目表或其他商业文件上使用该标志，包括在任何媒介上的任何该等文件；或

（h）在广告中使用该标志。

（4）任何人：

（a）将注册商标应用于任何被用于或拟被用于商品标签或包装的材料的；或

（b）在第（3）款（g）项或（h）项所述的任何文件上使用标志的；

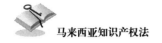

如果在申请该商标时知道或有理由相信该商标的适用没有得到该商标注册所有人或被许可人的正式授权，则应视为使用侵犯该注册商标的材料。

第 55 条　不构成侵权的行为

（1）尽管有第 54 条的规定，但是下列行为不侵犯注册商标：

（a）善意地使用：

（ⅰ）其姓名或营业地点的名称；或

（ⅱ）其前业务的名称或其前营业地点的名称；

（b）其善意地使用标志以指出：

（ⅰ）商品或服务的种类、质量、数量、预期目的、价值、地理来源或其他特征；或

（ⅱ）生产商品或提供服务的时间；或

（c）其使用商标表明商品的预期用途，包括配件或备件或服务；

且该等使用符合在工业或商业事项中的诚实做法。

（2）尽管有第 54 条的规定，但是任何人如果在与该商标所注册的商品或服务相同或相近的商品或服务上使用与该商标相同或相近的未注册商标，而该人或其前业务在下述时间之前已在贸易过程中就该等商品或服务连续使用该未注册商标的，不属侵犯该注册商标：

（a）该注册商标的注册日期；或

（b）注册所有人、其前业务员或根据已废除的法是注册使用人的人首次使用该商标的日期；

以较早者为准。

（3）尽管本法中有任何规定，但是使用注册商标的人在下列情况下并不侵犯该商标：

（a）为了非商业目的；

（b）为了新闻报道或新闻评论的目的；

（c）已在任何时候得到注册所有人或被许可人的明示或默示同意；或

该商标是 2 个或 2 个以上实质上相同的注册商标之一，在行使本法规定的注册赋予该商标的使用权时。

（4）尽管本法中有任何规定，但是在另一注册商标的商品或服务上使用另一注册商标并不侵犯该商标。

第56条　侵权诉讼

（1）注册所有人有权对侵犯或正在侵犯注册商标的任何人提起法院诉讼。

（2）注册所有人对任何已作出可能导致侵权行为发生的行为的人拥有第（1）款所述的相同诉讼权利。

（3）在侵权诉讼中，法院可授予下列救济：

（a）在法院认为适当的条件规限下发出的禁令，包括防止涉及该侵权的商品进入商业渠道；

（b）损害赔偿；

（c）交出所得利润；或

（d）在第（7）款适用的任何个案中，由法院判给其认为在有关情况下属于合理的额外损害赔偿。

（4）尽管有第（3）款（a）项的规定，但是在原告人申请临时禁令后，法院信纳该项侵犯涉及针对商品或服务使用假冒商标的，法院可命令：

（a）扣押或保管与该侵权行为有关的涉嫌侵权商品、材料或物品；和

（b）提供与该项侵权有关的文件证据。

（5）法院根据第（3）款（b）项判给任何损害赔偿时，亦可根据第（3）款（c）项作出命令，以交出在计算损害赔偿时没有顾及的可归因于该项侵权的利润。

（6）除第（5）款另有规定，第（3）款（b）项、（c）项及（d）项提及的救济是互相排斥的。

（7）在任何侵犯注册商标的诉讼中，如该项侵权涉及在商品或服务上使用假冒商标的，原告有权选择获得：

（a）损害赔偿及交出在计算损害赔偿时没有顾及的可归因于该项侵权的利润；

（b）交出所得利润；或

（c）其认为在有关情况下属适当的额外损害赔偿。

（8）根据第（7）款（c）项，法院应考虑到：

（a）侵犯该注册商标的昭彰程度；

（b）显示被告因该项侵权而获得的任何利益；

（c）有必要对被告的这种侵权行为进行惩罚；和

（d）所有其他有关事项。

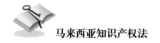

（9）尽管有根据第26条、第27条或第28条提出的优先权主张，但是本条中的任何规定均不得使注册所有人有权根据第（3）款就在马来西亚提出商标保护申请并获得注册之前的侵权行为或任何发生事项获得任何救济。

第57条　不可提起诉讼的情况

不得对商标注册到期后或被视为已被删除且在根据第39条续展或恢复前的行为提起侵权诉讼。

第58条　删除违法标志等的命令

（1）除第（3）款另有规定外，被认定侵犯某项注册商标的，法院可作出命令，要求其：

（a）安排将其保管或控制的任何侵权商品、材料或物品上的违法标志抹去、移走或擦掉；或

（b）如果不能合理地抹去、移走或擦掉侵权标志，应确保销毁有关的侵权商品、材料或物品。

（2）第（1）款项下的命令不获遵从或法院觉得该命令可能不获遵从的，法院可命令将该等侵权商品、物料或物品交付法院指示的人以擦除、移走或抹去该标志或以其他方式销毁该标志。

（3）被发现侵犯注册商标的人管有、保管或控制任何假冒商品且符合下列条件的，法院应命令将该等假冒商品交付法院指示的人销毁：

（a）原告向法院提出申请，要求作出该命令；和

（b）法院认为没有任何特殊情况可证明有理由拒绝发出该命令。

第59条　交付侵权商品、材料或物品的命令

（1）在任何侵犯注册商标的诉讼中，除根据第56条和第58条授予的任何救济，法院可命令将被告管有或提交法院的任何侵权商品、材料或物品交付原告。

（2）法院根据第（1）款作出命令的，除非其断定有理由不作出该命令，否则其亦应根据第60条作出命令。

（3）任何人根据第（1）款所指的命令而获交付任何侵权商品、物料或物品且在根据第（1）款作出命令时没有根据第60条作出命令的，该人应保留该等商品、物料或物品，以待根据第60条提出的申请的决定。

第 60 条　处置侵权商品、物料或物品的命令

（1）侵权商品、材料或物品已根据第 59 条项下的命令交付的，可向法院提出申请：

（a）命令将其销毁或没收给法院认为合适的人；或

（b）决定无须根据（a）项作出命令。

（2）在考虑应作出何种命令（如有）时，法院应考虑：

（a）在侵犯注册商标的诉讼中可利用的其他救济是否足以补偿原告并保护其利益；和

（b）有需要确保侵权商品、物料或物品的处置方式不会对原告造成不利影响。

（3）尽管有第（2）款的规定，但是侵权商品是假冒商品的，在下列情况中，法院应命令销毁该等商品：

（a）原告向法院提出申请，要求作出该命令；和

（b）法院认为没有任何特殊情况可证明有理由拒绝发出该命令。

（4）法院应针对向对侵权商品、材料或物品拥有权益的人送达通知书发出指示。

（5）任何对侵权商品、材料或物品拥有权益的人，均有权：

（a）在申请根据本条发出命令的程序中出庭，无论该人是否已收到通知；和

（b）针对任何已作出的命令提出上诉，不论该人是否出席该法律程序。

（6）根据本条作出的命令，应在可发出上诉通知书的限期结束或（如在该限期结束前已妥为发出上诉通知书）在就该上诉进行的法律程序获最终裁定或终止前不得生效。

（7）在符合第（3）款的规定下，凡有多于一人对侵权商品、材料或物品有利害关系的，法院可指示将该等侵权商品、材料或物品出售或以其他方式处置并将所得收益分发，并应作出其认为合适的任何其他命令。

（8）法院决定无须根据本条作出命令的，该等侵权商品、材料或物品在交付前由其管有、保管或控制的人有权取回该等商品、材料或物品。

第 61 条　对无理威胁进行侵权法律程序的救济

（1）一人因除下列理由外的其他理由威胁他人提起侵犯注册商标诉讼的：

（a）将商标应用于商品或用于或拟用于标签或包装商品的物料上；

（b）进口商品或其包装上已使用商标的商品；或

（c）以该商标提供服务；

任何受屈人可根据本条提起救济程序。

（2）可申请的救济为下列任何一项：

（a）宣告该等威胁是无理的；

（b）发出禁止该等威胁继续存在的禁令；或

（c）就其因该等威胁而蒙受的任何损失获得损害赔偿。

（3）除非被告表明威胁要进行的法律程序所涉及的行为构成或如作出该行为会构成对有关注册商标的侵犯，否则原告有权获得第（2）款项下的救济。

（4）被告能够证明就其所威胁进行的法律程序而言，该等行为构成或在作出该等行为后会构成对有关的注册商标的侵犯的，原告如能够证明该商标的注册在有关方面是无效的或可被撤销的，则其仍有权获得救济。

（5）仅告知某商标已注册或已提出注册申请的，不构成本条所指的诉讼威胁。

（6）本条并不使任何辩护人和律师应就其以专业身份代表当事人作出的行为，而应承担根据本条提出诉讼的法律责任。

第9部分　商标作为财产权的客体

第62条　注册商标作为财产的性质

注册商标是个人财产或动产，可以像其他个人财产或动产一样成为担保权益的客体。

第63条　注册商标的共同所有权

（1）注册商标授予2人或多人共同拥有的，他们每个人都有权在该注册商标中享有平等的、不可分割的份额，但有任何相反约定的除外。

（2）2人或多人根据第（1）款是注册商标共同拥有人的，适用本条。

（3）在不抵触第（4）款或任何相反约定的情况下，每名共同所有人均有权由其本人或其代理人为自己的利益而作出任何会构成侵犯该注册商标的作为，而无须征得另一人的同意或向另一人交代。

（4）其中一名共同所有人未经另一名共同所有人同意，不得：

（a）授予使用该注册商标的许可；或

（b）转让或抵押其在该注册商标中的份额。

（5）任何共同所有人均可提出侵权诉讼，但是，除非另一名或其他每名共同所有人被加入为原告或被加入为被告，否则未经法院许可，其不得进行诉讼。

（6）被如此加入为被告的共同所有人，除非其参与法律程序，否则无须对诉讼中的任何费用负责。

（7）本款并不影响应任一共同所有人的申请而给予的中间救济。

（8）本条不影响受托人或遗产代理人的相互权利和义务，亦不影响其作为受托人或遗产代理人的权利和义务。

第64条　注册商标的转让等

（1）注册商标应以与其他个人财产或动产相同的方式通过转让或传转进行让与，与企业的商誉一同或独立被进行传转。

（2）注册商标的转让或以其他方式传转可以是部分转让或传转，仅限于适用于该商标所注册的部分而非全部商品或服务。

（3）注册商标的转让或关于注册商标的同意，除非是以书面作出并由转让人及受让人或遗产代理人（视情况而定），或其代表签署，否则不具效力。

（4）第（1）款、第（2）款及第（3）款适用于以担保方式进行的转让，如同适用于任何其他转让一样。

（5）注册商标可与其他个人财产或动产一样成为抵押的客体。

（6）本法的任何内容均不得被解释为影响作为企业商誉一部分的未注册商标的转让或其他传转。

第65条　影响注册商标的交易登记

（1）在以处长确定的格式提出申请并支付规定的费用后，处长确定的可登记交易的详情应在处长批准后录入注册簿。

（a）主张因可登记的交易而有权享有某一注册商标权益的人；或

（b）主张受该交易影响的任何其他人。

（2）在有人根据第（1）款提出申请并经处长批准之前，该交易对于在不知情的情况下取得该注册商标的冲突权益，或在该注册商标下取得冲突权益的人并无效力。

（3）凭借任何可登记交易而成为注册商标所有人的人，无权就在该交易日期后但在根据第（1）款提出的注册申请的日期前发生的任何侵犯该注册商标的行为获得损害赔偿或所得利润。

（4）与注册商标项下许可或该许可项下的任何权利有关的任何可登记交易不适用第（2）款和第（3）款。

（5）注册可应注册所有人的申请，在获得有权享有该权益的人的同意下，以处长决定的形式，在缴纳规定的费用后，修订或删除涉及抵押权益的任何详情。

第 66 条　信托和衡平法的权益

（1）任何默示或推定信托的通知均不得录入注册簿。

（2）尽管关于明订信托或明示信托受益人的通知可录入注册簿，但是：

（a）处长不受注册簿中该通知的影响；和

（b）为避免疑义，未能在注册簿中录入该通知并不影响该信托项下的任何权利或责任。

（3）在不违反本法规定的前提下，注册商标的衡平法的权益可以与其他个人财产或动产的衡平法的权益一样被强制履行。

第 67 条　商标作为财产权客体的注册申请

（1）第 62 条至第 66 条适用于商标注册申请，犹如其适用于注册商标一样。

（2）就第（1）款而言，第 63 条第（1）款中对同意注册的提述应被解释为对提出商标注册申请的提述。

（3）在第 65 条中，由于该条就影响商标注册申请的交易而适用，因此凡提述在注册簿中录入详情及提出录入详情的申请，应被解释为提述向处长发出关于该等详情的通知。

第 10 部分　许　　可

第 68 条　释　　义

在本部分中：

（a）独占许可，指授权被许可人在排除所有其他人（包括许可人）的情况下，以许可授权的方式使用注册商标的一般或有限许可，对独占被许可人一词应作相应解释；和

（b）许可，包括转许可，对被许可人应据此解释，对许可或被许可人的提述包括对转许可或转被许可人的提述。

第 69 条　注册商标的许可

（1）使用注册商标的许可可以是一般的或有限的。

（2）有限许可可针对下列事项适用：

（a）针对该商标所注册的部分但非全部商品或服务；或

（b）针对以特定方式或在特定地点使用该商标。

（3）除非许可是书面的并由授予人或其代表签署，否则该许可不具效力。

（4）使用注册商标的许可对授予人权益的每一个权利继承人都具有约束力：

（a）除非任何人善意且对许可不具有实际或推定知悉的情况下对该注册商标的权益给予有价对价；或

（b）除非许可另有规定；

而任何对在有或没有注册商标所有人的同意下作出任何事情的提述须据此解释。

（5）处长确定的授予许可的详情已根据第 65 条第（1）款录入注册簿的，则视为所有人知悉该许可。

（6）许可有此规定的，被许可人被授予转许可。

（7）独占许可参照适用本条规定。

第 70 条　发生侵权时被许可人的权利

（1）本条对被许可人针对注册商标侵权享有的权利具有效力，但第 71 条第（1）款和第（2）款规定的独占被许可人除外，该被许可人有权以自己的名义提起侵权诉讼。

（2）除非被许可人的许可或他的权益所依据的任何许可另有规定，否则被许可人有权要求该商标的注册所有人就影响其权益的任何事项提起侵犯商标权的法律程序。

（3）就第（2）款而言，注册所有人拒绝或没有在被要求后的 2 个月内提

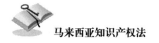

起侵权法律程序的，被许可人可在犹如他是注册所有人的情况下以自己的名义提起该法律程序。

（4）被许可人根据本条提起侵权法律程序的，除非注册所有人被加入为原告或加入为被告，否则被许可人不得在未经法院许可的情况下继续进行该诉讼。

（5）第（4）款不影响仅应被许可人的申请而赋予中间救济。

（6）根据第（4）款被加入为被告的注册所有人，除非其参与该法律程序，否则无须对该诉讼的任何费用承担责任。

（7）在注册所有人提起的侵权法律程序中，应考虑被许可人所蒙受或相当可能会蒙受的任何损失，且法院可就原告须代被许可人持有任何金钱救济的收益的程度发出其认为合适的指示。

（8）如果某独占被许可人根据第 71 条第（1）款和第（2）款具有受让人的权利和救济，犹如他是该商标的注册所有人一样，则本条的条文针对该独占被许可人而适用。

第 71 条　独占被许可人享有受让人的权利和救济

（1）独占许可可规定，被许可人在许可规定的范围内对许可授予后发生的事项享有与许可是转让时相同的权利和救济。

（2）在第（1）款所提述规定的情况下或在该条文的范围内，被许可人有权在不抵触该许可和本条规定的情况下，以自己的名义针对注册所有人以外的任何人提起侵权法律程序。

（3）独占被许可人的任何该等权利和救济与注册所有人的权利和救济并存，而针对侵权对注册所有人的提述须据此解释。

（4）在独占被许可人根据本条提起的诉讼中，被告可利用其本可利用的任何抗辩理由，犹如该诉讼是由该商标的注册所有人提出一样。

（5）注册所有人或独占被许可人就注册商标侵权而提起的法律程序全部或部分涉及其具有共同诉讼权的侵权行为的，除非另一人被加入为原告或被告，否则注册所有人或独占被许可人不得继续进行该诉讼，但获得法院许可的除外。

（6）第（5）款不影响仅就该商标的注册所有人独占被许可人的申请而授予中间救济。

（7）根据第（5）款被加入为被告的人，除非其参加法律程序，否则不对诉讼承担任何费用。

（8）针对注册商标侵权提起的诉讼全部或部分涉及注册所有人和独占被许可人拥有或曾拥有共同诉讼权的侵权行为的：

（a）法院在评估损害赔偿时应考虑到：

（ⅰ）许可的条款；和

（ⅱ）针对侵权已判给或可供其中一方使用的任何金钱救济；

（b）已就该侵权行为作出有利于其中另一方的损害赔偿裁决的或已指示有利于其中另一方的交出所得利润的，不得再指示交出所得利润；和

（c）指示交出所得利润的，法院应在其之间按法院认为公正的方式分配，但受制于他们之间的任何约定。

（9）不论注册所有人和独占被许可人是否都是诉讼当事人，第（8）款均适用。他们并非都是诉讼当事人的，法院可就该法律程序的一方代另一方持有任何金钱救济的收益的程度，发出其认为适当的指示。

（10）第（5）款至第（8）款的效力受商标的独占被许可人和注册所有人之间任何相反约定的规限。

第 11 部分　集体商标和证明商标

第 72 条　集体商标

（1）集体商标是将作为商标所有人的协会的成员的商品或服务与其他企业的商品或服务相区分的标志。

（2）本法的规定适用于集体商标，但受限于附件 1 的规定。

第 73 条　证明商标

（1）证明商标是表明与使用该标志有关的商品或服务在原产地、材料、货物制造方式或服务性能、质量、准确性或其他特征方面得到该标志所有人的认证的标志。

（2）本法的规定适用于集体商标，但受限于附件 2 的规定。

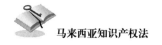

马来西亚知识产权法

第 12 部分　国际事项

第 1 章　《马德里议定书》

第 74 条　释　义

在本部分中,《马德里议定书》,指 1989 年 6 月 27 日在马德里通过的《商标国际注册马德里协定有关议定书》。

第 75 条　与《马德里议定书》有关的条例

(1) 部长可制定条例,在马来西亚赋予《马德里议定书》的规定以效力。

(2) 在不影响第(1)款的一般性的前提下,条例可就下列所有或任何目的作出规定:

(a) 与商标国际注册申请有关的所有事项,包括马来西亚基础申请或注册失败或不再有效的情况及其续展;

(b) 与请求将商标国际注册的保护范围扩大至马来西亚有关的所有事项,包括该等请求的效力;

(c) 与指定马来西亚的受保护国际注册的保护有关的所有事项,包括停止该保护;

(d) 与国际注册申请或国际注册转化为国内注册申请有关的所有事项,包括该转化的效力;

(e) 与注销国际注册有关的所有事项,包括注销的效力;

(f) 与指定马来西亚的受保护国际注册有关的所有事项,包括第 61 条及第 13 部分和第 15 部分的适用;

(g) 支付就国际注册申请、保护延长和续展规定的费用和金额;和

(h) 为使本法生效而规定的所有其他必要或合宜的事项。

第 2 章　公约和国际安排

第 76 条　驰名商标的保护

(1) 驰名商标有权根据本条规定得到保护:

（a）无论该商标是否已在马来西亚注册或是否已向处长提出商标注册申请；且

（b）无论该商标所有人是否在马来西亚经营业务或有任何商誉。

（2）在符合第（5）款及第（6）款的情况下，存在下列任一情况的，驰名商标的所有人有权通过禁令，禁止在马来西亚的贸易过程中未经所有人同意而使用与所有人的商标相同或相似的任何商标或其主要部分：

（a）就相同或类似的商品或服务而言，其使用可能造成混淆的；或

（b）就任何商品或服务而言，使用该商标将表明该等商品或服务与所有人之间存在联系且可能损害所有人的利益的。

（3）存在下列任一情况的，驰名商标的所有人可向法院申请宣告注册商标无效，理由是该注册商标与马来西亚的驰名商标相同或相似，而该注册商标所注册的任何商品或服务与该驰名商标不相同或不相似：

（a）就该等商品或服务使用该注册商标会显示该等商品或服务与该驰名商标的所有人之间存在联系；

（b）公众有可能因该等使用而产生混淆；和

（c）驰名商标所有人的利益很可能因该使用而受到损害。

（4）驰名商标的所有人可以在注册中存在欺诈行为或以虚假陈述方式获得注册为由，向法院申请宣告注册商标无效。

（5）所有人的商标在马来西亚成为驰名商标之前就开始商标使用的，驰名商标的所有人无权享有第（2）款所指的权利，但该商标是被恶意使用的除外。

（6）驰名商标的所有人在明知该商标在马来西亚被使用的情况下已默许该商标在马来西亚连续使用5年的，该商标的所有人不再享有第（2）款所提及的权利，但该商标被恶意使用的除外。

（7）在决定该商标是否被恶意使用时，法院应考虑使用该商标的人在开始使用该商标时是否知道或有理由知道该所有人的驰名商标。

（8）第（2）款中的任何内容均不得影响在1997年12月1日（TRIPS的有关条款对马来西亚生效之日）之前开始的对商标的任何善意使用的继续。

（9）第（3）款的规定不得影响本法生效前开始的商标的任何善意使用的继续。

（10）在本条中，"使用"就商标而言，指第54条第（3）款规定含义内的使用。

第 77 条　驰名商标的允许使用

（1）尽管有第 76 条的规定，但是驰名商标的所有人无权通过禁令限制任何人在马来西亚按照在工业或商业事项中的诚实做法使用：

（a）下列姓名或名称：

（i）该人本人；

（ii）该人的营业地点；

（iii）该人的前业务员；或

（iv）该人的前业务员的营业地点；

（b）任何表示下列内容的标志：

（i）商品或服务的种类、质量、数量、预期目的、价值、地理来源或其他特征；或

（ii）生产商品或提供服务的时间；或

（c）该商标表明商品的预期用途，其中包括配件或备件或服务。

（2）尽管有第 76 条的规定，但是驰名商标的所有人无权通过禁令限制在马来西亚使用：

（a）针对已注册的商品或服务的任何注册商标；或

（b）该商标，如果该使用：

（i）是为了非商业目的；

（ii）用于新闻报道或新闻评论的目的；或

（iii）已在任何时候得到该驰名商标所有人的明示或默示同意。

第 78 条　《巴黎公约》第 6 条之三规定的公约国的国徽等

（1）由公约国国旗组成或包含国旗的商标，未经该国主管当局授权，不得注册，但处长认为未经授权可以以拟议的方式使用国旗的除外。

（2）包含受《巴黎公约》或 TRIPS 保护的成员的徽章或任何其他国徽或由其组成的商标，未经该国主管当局授权不得注册。

（3）由成员采用的表示控制和保证的官方标志或标记组成或包含该标志或标记的商标，如该标志或标记受《巴黎公约》或 TRIPS 保护，未经有关国家主管当局的授权，不得注册表示控制和保证的相同或相似的标志或标记。

（4）本条对国旗和其他国徽以及官方标志或标记的提述同样适用于从纹章学角度看模仿任何该等国旗或其他徽记、标志或标记的任何事物。

（5）本条并不妨碍获准使用某国国徽、官方标志或标记的该成员国民在提出申请时注册商标，即使该国徽、官方标志或标记与另一国的国徽、官方标志或标记相似。

（6）如果根据本条，商标注册需要或将需要成员主管当局的授权，则该等当局有权通过禁令禁止在马来西亚使用未经其授权的商标。

第 79 条　《巴黎公约》第 6 条之三规定的某些国际政府间组织的标志等

（1）包含由一个或多个成员的国际政府间组织的任何徽章、旗帜、标志、缩写或名称或由其组成的商标，如受《巴黎公约》或 TRIPS 保护，则未经有关国际政府间组织授权不得注册，除非处长认为以拟议的方式使用徽章、旗帜、标志、缩写或名称：

（a）将向公众表明该组织与该商标之间存在联系；或

（b）不可能使公众误以为该使用人与该组织之间存在联系。

（2）本条中对国际政府间组织的徽章、旗帜、标志、缩写或名称的提述同样适用于从纹章学角度看模仿任何此类标志的任何东西。

（3）根据本条规定，商标注册应或将需要某国际政府间组织的授权。该组织有权通过禁令限制未经其授权而在马来西亚使用该商标。

（4）本条的规定不影响在 1989 年 1 月 1 日（《巴黎公约》有关规定对马来西亚生效之日）前开始善意使用有关商标的人的权利。

第 80 条　根据《巴黎公约》第 6 条之三发出的通知

（1）就第 78 条而言，公约国的国旗、官方标志或标记以外的国徽，只有在下列情况下或在下列范围内才应被视为受《巴黎公约》或 TRIPS 保护：

（a）该成员已根据《巴黎公约》第 6 条之三第（3）款或根据 TRIPS 适用的该条规定，通知马来西亚其希望保护该标志、符号或标记；

（b）该通知仍然有效；和

（c）马来西亚没有根据《巴黎公约》第 6 条之三第（4）款或 TRIPS 所适用的该条提出反对意见，或任何该反对意见已被撤回。

（2）就第 79 条而言，国际政府间组织的徽章、旗帜、标志、缩写和名称只有在下列情况下或在下列范围内才应被视为受《巴黎公约》或 TRIPS 所适用的该条的保护：

（a）该组织已根据《巴黎公约》第 6 条之三第（3）款或 TRIPS 适用的

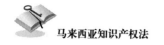

该条规定通知马来西亚其希望保护该徽章、旗帜、标志、缩写或名称；

（b）该通知仍然有效；和

（c）马来西亚没有根据《巴黎公约》第 6 条之三第（4）款或 TRIPS 所适用的该条提出反对意见，或任何该反对意见已被撤回。

（3）根据《巴黎公约》第 6 条之三第（3）款或根据 TRIPS 所适用的该条发出的通知，只针对在收到该通知后 2 个月以上根据第 17 条第（2）款提出的商标注册申请有效。

（4）处长应备存一份含有下列内容的数据列表，供公众在所有合理的时间内免费查阅：

（a）国家徽章和官方标志或标记；和

（b）国际政府间组织的盾徽、旗帜、徽章、简称和名称；

且其当时根据《巴黎公约》或根据《巴黎公约》第 6 条之三第（3）款通知而由 TRIPS 适用的条款或根据 TRIPS 适用的条款所保护。

第 13 部分　边境措施

第 81 条　释　义

在本部分中：

（a）获授权人员，指：

（ⅰ）1967 年海关法（第 235 号法律）所界定的适当海关官员；或

（ⅱ）由部长任命的任何公职人员或受雇于公司的任何人，以行使本部分赋予获授权人员的权力和履行委托给获授权人员的职责；

（b）过境商品，指进口的商品，不论是否在马来西亚境内落地或转运，而该等商品将以同一或另一运输工具被运往另一国家；

（c）进口，指以任何方式将货物带入或安排带入马来西亚；

（d）保留期，就被扣押的商品而言，指：

（ⅰ）根据第 85 条就该商品发出的通知所指明的期间；或

（ⅱ）该期间已根据第 85 条延长的，延长后的期间；

（e）保证金，指处长确定的任何一笔现金或其他金融票据；和

（f）扣押商品，指根据第 82 条扣押的商品。

第 82 条　限制进口侵权商品

（1）任何人可向处长提出申请，说明：

（a）其是注册所有人或有权提出该申请的被许可人；

（b）在该申请所指明的时间及地点，预期会为贸易目的而进口就该注册商标而属侵权商品的商品；和

（c）其反对该进口。

（2）根据第（1）款提出的申请应附有处长决定的涉及该等商品的文件和数据予以支持，以使获授权人员能够识别该等商品，并应支付规定的费用。

（3）处长在收到根据第（1）款提出的申请后，应就该申请作出决定并应在合理期间内通知申请人该申请是否已获批准。

（4）处长在根据第（3）款决定合理期间时，应考虑有关个案的所有相关情况。

（5）根据第（3）款给予的批准，除非申请人在该段期间结束前以书面通知处长而撤回，否则在该段期间结束前，该批准仍属有效。

（6）根据本条给予批准且该批准未失效或被撤回的，在批准所指明的期间内禁止将任何侵权商品进口至马来西亚。

（7）处长在根据第（3）款给予批准后，应立即采取必要措施，通知该获授权人员。

（8）处长已根据第（7）款通知获授权人员的，该获授权人员应采取必要的行动，禁止任何人进口该通知所指明的侵权商品（并非过境商品），并应检取和扣留该指明的商品。

第 83 条　保证金

处长在根据第 82 条给予批准后，应要求申请人向处长交存处长认为足以满足下列条件的保证金：

（a）向处长补还因检取侵权商品而可能引致的任何法律责任或开支；

（b）防止滥用和保护进口商；或

（c）支付法院根据本部分命令的赔偿。

第 84 条　安全保管被扣押商品

（1）被扣押商品应被带至处长可能指示或获授权人员认为合适的安全

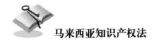

地点。

（2）按获授权人员的指示存放的，获授权人员应将该等被检取商品的下落通知处长。

第85条 通 知

（1）获授权人员应在根据第82条检取侵权商品后，在合理的、切实可行的范围内，尽快亲自或以挂号邮递方式向处长、进口商和申请人发出书面通知，以确定侵权商品，述明该等商品已被检取及商品的下落。

（2）根据第（1）款发出的通知亦应述明，除非申请人在自该通知之日起计的指明期间内就该等商品的侵权行为提起诉讼，否则该等侵权商品会被发还给进口商。

（3）在收到通知时，申请人已就侵权提起诉讼的，申请人应以处长确定的格式将该事实通知处长。

（4）申请人可在该通知指明的期间（初始期间）结束前向处长发出书面通知，要求延长该期间。

（5）除第（6）款另有规定外，处长信纳批准按照第（4）款提出的要求是合理的，可根据该要求延长初始期间。

（6）就按照第（4）款提出的请求作出的决定，应在该请求提出后的2个工作日内作出，但该决定不能在该请求所涉及的初始期间结束后作出。

第86条 被扣押商品的查验、释放等

（1）申请人或进口商同意作出必要承诺的，处长可允许申请人或进口商检查被扣押的商品。

（2）第（1）款下的必要承诺是以书面形式作出的承诺，即作出该承诺的人将：

（a）在处长满意的指定时间将被扣押物品的样本交还处长；和

（b）尽合理注意以防止样本受到损坏。

（3）申请人作出所需承诺的，处长可准许申请人从处长的保管下拿走被检取货品的样本以供申请人检查。

（4）进口商作出所需承诺的，处长可准许进口商从处长的保管中拿走被检取货品的样本以供进口商检查。

（5）处长根据本条准许申请人检查被检取的商品或移走被检取的商品样

本的，处长无须就进口商因下列情况而蒙受的任何损失或损害向进口商承担法律责任：

（a）在检查期间对任何被扣押商品造成的损害；或

（b）申请人或任何其他人对从处长保管下拿走的样本作出的任何事情，或就该样本作出的任何事情，或申请人或任何其他人对该样本的任何使用。

第87条　经同意没收被扣押商品

（1）除第（2）款的规定外，进口商可向处长发出书面通知，同意没收被扣押的商品。

（2）该通知应在就被扣押商品提起任何侵权诉讼前发出。

（3）进口商发出上述通知的，被扣押商品即被没收并应按处长决定的方式被处置。

第88条　强制将被扣押商品释放给进口商

（1）申请人有下列任一情况的，处长应在货物扣押期间结束时向进口商释放被扣押的商品：

（a）没有对商品的侵权行为提起诉讼；和

（b）没有向处长发出书面通知述明已就该侵权行为提起诉讼。

（2）如果发生下列情况，处长应将该等货物释放给进口商：

（a）已就被扣押商品提起侵权诉讼的；和

（b）在提起侵权诉讼之日起30日期间结束时，受理诉讼的法院发出的阻止释放商品的命令未生效力。

（3）申请人向处长发出书面通知，述明其同意释放被扣押商品的，处长应将该等货品释放给进口商。

第89条　未提起诉讼的补偿

（1）商品已根据第82条发出的通知被扣押，且申请人未在扣押期间对侵权行为提起诉讼的，因该扣押而感到受屈的人可向法院申请命令对申请人作出赔偿。

（2）法院信纳被侵害人因该等商品被扣押而蒙受损失或损害的，可命令申请人向被侵害人支付法院认为适当款额的补偿。

第 90 条　侵犯注册商标的诉讼

（1）申请人提起侵权诉讼的，法院除了可以给予的任何救济外，还可以：

（a）命令在法院认为适当条件（如有）的限制下将被扣押商品释放给进口商；

（b）命令在指明的期限结束前不向进口商释放被扣押商品；或

（c）视乎个案的情况，命令没收被扣押商品。

（2）处长或获授权人员有权在就侵权诉讼进行的庭审中陈词。

（3）法院信纳处长或任何主管当局根据任何其他法律应当或获准保留对被扣押商品的控制的，不得根据第（1）款（a）项作出命令。

（4）处长应遵从根据第（1）款作出的命令。

（5）存在下列任一情况的，法院可命令申请人向被告人支付法院认为适当款额的补偿：

（a）诉讼被驳回或中止，或法院裁定相关注册商标没有因进口被扣押商品而受到侵犯；和

（b）侵权诉讼的被告使法院确信其因商品被扣押而遭受损失或损害。

第 91 条　被命令没收商品的处置

法院命令没收被扣押商品的，应按法院指示的方式处置该等商品。

第 92 条　保证金不足

（1）处长就其根据本部分采取的任何行动或根据法院根据本部分作出的命令采取的行动而招致的合理开支超出根据第 83 条存放的保证金款额的，超出的款额即为欠处长的债项。

（2）第（1）款所指的债项应由申请人承担；有 2 名或多名申请人的，应由各申请人承担连带责任。

第 93 条　依职权行动

（1）根据初步证据，任何获授权人员可在未经授权的情况下扣留或暂停放行带有与注册商标具有相同商标的将被进口或准备出口的商品，且该商品与注册商标的商品完全相同。

（2）该等商品被扣押的，获授权人员：

（a）应通知处长、进口商和注册所有人；和

（b）可随时向注册所有人索取可协助其行使权力的任何资料。

（3）除第 88 条另有规定外，进口商可根据 1967 年海关法就根据第（1）款扣留商品或暂缓放行商品向署长提出上诉。

（4）获授权人员只有在其根据第（1）款采取的行动是善意进行的情况下才可被豁免责任。

（5）第（1）款所指的准备出口，指通过任何运输方式从马来西亚出口至另一个国家的商品。

第 94 条　最低限度进口

（1）本部分的规定不适用于装在旅客个人行李中或以小件托运方式发送的少量非商业性商品。

（2）第（1）款所指的少量，指不超过 2 件的商品。

第 14 部分　商标代理人

第 95 条　注册商标代理人的认定和要求存在注册商标代理人的情形

（1）本法要求或授权某人在初步程序、商标注册申请或与注册商标有关的任何程序中采取的任何行动，可由该人正式授权的注册商标代理人按处长确定的方式采取或向该代理人采取。

（2）在初步程序或申请商标注册或与注册商标有关的任何程序中到处长席前的人没有主要在马来西亚居住或经营业务的，应委任和授权一名注册商标代理人代其行事。

（3）在根据第（2）款被委任和授权的人代其行事时，注册商标代理人应：

（a）继续担任该人的代理人；和

（b）对根据本法要求该人作出的所有行为、事项和事情负责；

但按照规定的方式终止或停止代他行事的除外。

（4）代表某人行事的注册商标代理人打算停止代表该人行事的：

（a）注册商标代理人应按处长确定的方式向处长提交意图停止代表该人行事的通知；

（b）注册商标代理人应通知该人；和

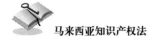

（c）在符合（a）项和（b）项的规定后，该代理人即不再是该人的代理人。

第 96 条　商标代理人名册

（1）处长应备存一份名为商标代理人名册的名册。

（2）商标代理人名册应载有为第 95 条的目的代表任何人行事的注册商标代理人的姓名、地址及其他规定事项。

第 97 条　商标代理人的登记

（1）某人符合订明规定并将其姓名记入商标代理人名册的，处长应将该人登记为注册商标代理人。

（2）就本部分而言，处长可：

（a）以规定的理由撤销商标代理人的注册；

（b）允许根据注册商标代理人提出的申请自愿取消商标代理人的注册；

（c）允许根据注册商标代理人提出的申请变更注册商标代理人的姓名或送达地址；

（d）在商标代理人死亡时删除商标代理人的注册；和

（e）拒绝承认任何人为注册商标代理人，但须符合规定的任何情况。

（3）任何取消商标代理人注册的行为将导致该注册商标代理人的姓名被从商标代理人名册中删除。

（4）将注册商标代理人从商标代理人名册中除名以及该注册商标代理人所办理的所有商标注册申请或注册事项均由处长以其确定的方式在知识产权官方公报上公布。

（5）合伙企业和法人团体符合规定要求的，处长应将其注册为商标代理人，一经注册，即受第（2）款、第（3）款、第（4）款规定的要求约束。

第 98 条　与注册商标代理人的通信特权

（1）注册商标代理人与在商标相关事项上任命和授权代理人的人之间的通信，以及为该等通信而制作的任何记录或文件，与律师与其客户之间的通信享有同等程度的特权。

（2）对于商标相关事项委任及授权代理的人的文件及财产，注册商标代理人享有留置权，与律师针对客户的文件和财产享有的留置权相同。

第 15 部分　犯　　罪

第 99 条　假冒商标

（1）任何人以下列方式假冒注册商标的：

（a）制作与注册商标相同或相似的标志，意图欺骗的；或

（b）伪造真正的注册商标，无论是通过更改、添加、抹去、部分删除或以其他方式的；

只要未经商标注册所有人的同意，即属犯罪，一经定罪，可被处以不超过 100 万林吉特的罚金或不超过 5 年的监禁或两者并罚。

（2）在根据本条提出的起诉中，被告人应承担证明商标注册所有人同意的责任。

第 100 条　将注册商标虚假地应用于商品或服务上

（1）就本条和第 102 条而言，在下列情况下将注册商标虚假地应用于商品或服务的：

（a）未经注册商标所有人的同意而将该商标或可能被误认为该商标的标志应用于商品或服务上；和

（b）应用于商品上的，该商品并非该商标的注册所有人或被许可人的真正商品。

（2）就第（1）款而言，商标如在下列情况下被使用，应当视为应用于商品或服务：

（a）在任何标志或广告上；或

（b）任何发票、目录、商业信函、商业文件、价目表或其他商业文件，包括任何媒介的此类文件上；

并根据如此使用的商标的请求或订单向某人交付商品或提供服务。

（3）就第（1）款而言：

（a）在下列情况下，标志应被视为应用于商品：

（i）应用于商品本身；或

（ii）应用于为贸易或制造目的而出售、要约出售或为出售而展示或占有商品的任何覆盖物、标签、卷轴或物品；和

（b）标志的使用方式可能导致他人相信该标志是指称、描述或指定该商品或服务的，该标志应被视为应用于该商品或服务。

（4）任何人如虚假地：

（a）将注册商标应用于第（1）款规定的商品的，即属犯罪，一经定罪：

（i）该人是法人团体的，对带有虚假注册商标的每件商品处以不超过1.5万林吉特的罚金，如果是第二次或再次犯罪，对带有虚假注册商标的每件商品处以不超过3万林吉特的罚金；或

（ii）该人不是法人团体的，对每件带有虚假注册商标的商品处以不超过1万林吉特的罚金或不超过3年的监禁或两者并罚；如果是第二次或再次犯罪，每件处以不超过2万林吉特的罚金或不超过5年的监禁或两者并罚；或

（b）将注册商标应用于第（1）款规定的服务的，即属犯罪，一经定罪：

（i）该人是法人团体的，可处以不超过1万林吉特的罚金；或

（ii）该人不是法人团体的，可处以不超过7万林吉特的罚金或不超过3年的监禁。

（5）在第（3）款中：

（a）覆盖物，包括任何塞子、玻璃、瓶子、容器、盒子、胶囊、箱子、框架或包装物；和

（b）标签，包括任何表带或票据。

（6）在根据本条提出的诉讼中，被告人应承担证明已获得该商标注册所有人同意的责任。

第 101 条　制作或管有物品以实施犯罪

任何人如：

（a）制作经特定设计或改装用以制作某注册商标或可能被误认为是该商标的标志的复制品的物品；或

（b）拥有、保管或控制（a）项所述物品；

明知或有理由相信其已被用于或将被用于或在犯罪过程中被用于或将被用于违反第99条和第100条的犯罪的，即为犯罪，一经定罪，可处以不超过100万林吉特的罚金或不超过5年的监禁或两者并罚。

第 102 条　进口或销售使用虚假商标的商品等

（1）任何人如：

（a）为贸易或制造目的向马来西亚进口；

（b）出售或要约出售或公开出售；或

（c）为贸易或制造目的而由其占有、保管或控制；

根据第 100 条在任何商品上虚假应用注册商标的任何商品，除非其能够证明在采取了一切合理的预防措施以防止犯下本条规定的罪行后，在被指控的罪行实施时其没有理由怀疑商标的真实性，且在助理审查官提出要求后提供了所知道的关于他从其获得商品的人的所有信息，否则即为犯罪，一经定罪，应承担下列责任：

（ⅰ）该人是法人团体的，对每件虚假注册商标的商品处以不超过 15 万林吉特的罚金，如果是第二次或再次犯罪的，对每件虚假注册商标的商品处以不超过 3 万林吉特的罚金；或

（ⅱ）该人不是法人团体的，对每件带有虚假应用的注册商标的商品处以不超过 1 万林吉特的罚金或不超过 3 年的监禁或两者并罚；如果是第二次或再次犯罪，对每件带有虚假应用的注册商标的商品处以不超过 2 万林吉特的罚金或不超过 5 年的监禁或两者并罚。

（2）就第（1）款（c）项而言，任何人如持有 3 件或更多虚假应用注册商标的商品的，应被视为持有该等商品作贸易或制造用途。

第 103 条　向商标局或在注册簿上作虚假登记

任何人如：

（a）向商标局或在注册簿中作出或导致作出虚假登记的；

（b）在存放于商标局的任何核证副本中作出或安排作出虚假登记的；

（c）制作或安排制作任何看来是登记册内的记项副本或存档于商标局的虚假事项；或

（d）出示或提交或促使出示或提交（c）项所提及的任何物品作为证据；

明知或有理由相信该登记或事物是虚假的，即属犯罪，一经定罪，应处以不超过 5 万林吉特的罚金或不超过 5 年的监禁或两者并罚。

第 104 条　谎称商标为注册商标

（1）任何人如：

（a）谎称某商标是注册商标；或

（b）对商标注册的商品或服务作虚假陈述；

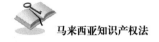

明知或有理由相信该陈述是虚假的，即属犯罪，一经定罪，可处以不超过 1 万林吉特的罚金。

（2）就本条而言，在马来西亚贸易过程中就商标使用"注册"一词或任何其他明确或隐含注册含义的文字或符号的，应被视为本法规定的注册陈述，除非有证据表明该陈述是指在马来西亚以外的其他地方注册且该商标事实上已在有关商品或服务上被注册。

第 105 条　与不服从传票或拒绝提供证据有关的犯罪

（1）为了本法的目的，处长可以：

（a）传唤证人；

（b）接受经宣誓的证据；和

（c）要求出示文件或物品。

（2）无合法理由而不服从第（1）款项下的传票或要求的，即属犯罪，一经定罪，可处以不超过 2000 林吉特的罚金或不超过 3 个月的监禁或两者并罚。

第 106 条　谎称商标为指定马来西亚的受保护国际注册

（1）任何人如：

（a）谎称商标为指定马来西亚的受保护国际注册；或

（b）对指定马来西亚的受保护国际注册在马来西亚给予保护的商品或服务作虚假陈述；

明知或有理由相信该陈述是虚假的，即属犯罪，一经定罪，可处以不超过 1 万林吉特的罚金。

第 107 条　滥用商标局名称

在其营业场所或由其签发的任何文件或其他文件上使用商标局字样或任何其他暗示其营业场所是商标局或与商标局有正式联系的字样的，均属犯罪，一经定罪，应处以不超过 5 万林吉特的罚金或不超过 2 年的监禁或两者并罚。

第 108 条　未注册人员以注册商标代理人的身份执业等

未经根据本法注册而开展业务、执业、作为、自称、显示或允许自称或显示是商标代理人的，均属犯罪，一经定罪，应处以不超过 5 万林吉特的罚金或 2 年监禁或两者并罚。

第 16 部分　调查和执法

第 1 章　调查和投诉

第 109 条　释　　义

在本部分中：

（a）审查官、副审查官或助理审查官，指根据 2011 年商品说明法（第730 号法律）第 3 条任命的商品说明审查官、副审查官或助理审查官；和

（b）处所，指任何固定或任何人以其他方式设立或设置的地方，不论该地方是否有围墙，并包括车辆、飞机、船舶及任何其他船只。

第 110 条　审查官、副审查官或助理审查官的权力

（1）审查官应在部长的总体指导和控制下履行本部分规定的职责和行使本部分赋予其的权力。

（2）副审查官和助理审查官应在审查官的指示和控制下工作。

（3）副审查官可履行施加给审查官的一切职责并行使授予审查官的一切权力。

（4）审查官和副审查官可履行施加给助理审查官的一切职责并行使授予助理审查官的一切权力。

（5）审查官或副审查官可以书面将他在本部分项下的所有或任何权力、职责或职能委托给任何助理审查官。

第 111 条　调查权

（1）助理审查官有合理理由怀疑正在或将要犯下本法规定的任何犯罪的，可进行助理检察官认为有利于适当执行本法的调查。

（2）助理审查官在调查本法规定的任何犯罪时，可行使刑事诉讼法（第593 号法律）赋予的与警方调查可查封案件有关的所有或任何权力。

第 112 条　向助理审查官投诉

（1）助理审查官可根据他人投诉，对已经或正在犯下本法规定的任何犯罪的人进行调查。

（2）根据第（1）款提出的投诉应具体说明投诉所针对的人或被控犯罪的场所以及本法规定的被控犯罪的详情。

（3）根据第（1）款提出的投诉涉及与注册商标不相同的商标的，注册所有人或被许可人应以处长确定的格式并向助理审查官支付规定的费用以获得处长的核实。

（4）处长根据第（3）款作出的核实应作为任何法院任何法律程序的表面证据。

第 2 章　信息收集权

第 113 条　助理审查官要求提供信息的权力

（1）助理审查官在根据本部分进行调查时有理由相信任何人：

（a）掌握与助理审查官履行本法规定的权力和职能有关的任何信息或文件；或

（b）有能力提供任何证据，而助理检察官有理由相信该等证据与助理检察官根据本法行使其权力及职能有关。

（2）尽管有任何其他成文法的规定，但是助理检察官可通过书面通知指示任何人：

（a）在该通知所指明的期间内以该通知所指明的方式和形式向助理审查官提供第（1）款所提述的任何信息或文件；

（b）在该通知所指明的期间内按该通知所指明的方式向助理审查官出示第（1）款所提述的任何信息或文件，不论是实物或电子形式的；

（c）复制第（1）款所提述的任何文件的副本或摘录并于该通知所指明的期间内，按该通知所指明的方式向助理检察官出示该等文件的副本或摘录；

（d）该人是个人的，在通知书所指明的时间和地点到助理审查官席前以口头或书面提供任何信息，并出示第（1）款所提述的任何文件，不论是实物或电子形式；

（e）该人是法人团体或公共机构的，安排该机构的相关及主管人员在通知书指明的时间和地点到助理审查官席前以口头或书面方式提供任何信息，并出示第（1）款所提述的任何文件，不论是实物形式或电子形式；

（f）该人是合伙的，安排身为该合伙的合伙人或该合伙的雇员的个人，在该通知所指明的时间和地点到助理审查官席前，以口头或书面方式提供任何信息并出示第（1）款所提述的任何文件，不论是实物形式或电子形式；或

（g）在该通知书所指明的期间内，以该通知书所指明的方式及形式就第（1）款所提述的任何信息或文件向助理审查官作出陈述，予以解释。

（3）助理审查官根据第（2）款指示任何人出示任何文件，而该文件并非由该人保管的，该人应：

（a）尽其所知和所信说明该文件的出处；和

（b）尽其所知和所信指明最后保管该文件的人，并尽其所知和所信说明可在何处找到该最后提及的人。

（4）任何根据第（2）款或第（3）款被指示提供信息的人，应确保所提供信息是真实、准确和完整的，且该人应就此作出明确的陈述，包括声明其不知道有任何其他信息会使所提供的信息失实或具误导性。

（5）拒绝或不遵从助理审查官根据本条作出的指示的，即属犯罪，一经定罪，可处以不超过5万林吉特的罚金。

第114条　助理审查官可保留文件

（1）助理检察官可获取并在其认为必要的期间内保留根据本法获得的任何文件。

（2）提供该文件的人有权在切实可行范围内尽快获得一份经助理审查官核证为该文件真实副本的副本。

（3）尽管有任何其他成文法的规定，但是该文件的核证副本应获接纳为证据，犹如该文件的正本一样。

（4）助理审查官信纳不再需要保留该文件的，可在切实可行的范围内尽快将该文件交还提供该文件的人。

第115条　保密性

（1）披露或使用根据本法任何规定获得的有关特定企业或个人事务的任何保密信息或文件的，均属犯罪，一经定罪，应处以不超过50万林吉特的罚金。

（2）第（1）款的任何规定均不得阻止在下列情况下披露信息：

（a）披露是在取得提供该信息或文件的人的同意下作出的；

（b）披露是在所提供的信息是以无法确定其来源的方式编排的情况下作出的，而该等信息是在公众领域内的；

（c）该资料已属公共领域；

（d）披露信息是为了方便审查官、副审查官或助理审查官履行其职能或权力；

（e）披露是在根据本法进行的任何诉讼程序中合理进行的，但条件是该披露并不违背正在进行诉讼程序的审查官、副审查官或助理审查官的任何指示；或

（f）披露是为了调查本法规定的犯罪而作出的。

（3）就本条而言，保密信息，指属于任何人的，具有经济价值的，不为他人普遍获得或知悉的贸易、商业或工业信息，或根据本法被视为保密的任何信息。

第 116 条　特权通信

（1）不得根据本部分的任何规定要求任何人出示或披露专业法律顾问与其委托人之间根据 1950 年证据法（第 56 号法律）第 126 条应受保护不得披露的任何通信。

（2）审查官可要求辩护人和律师提供第 114 条项下的任何文件。

（3）根据第（2）款要求提供的文件载有由辩护人和律师以其作为辩护人和律师身份所作出的或代表其作出的或向其作出的特权通信的：

（a）辩护人和律师有权拒绝遵守该要求；或

（b）向其发出、由其发出或代表其发出特权通信的人，或如该人是受接管人监管的法人团体或正处于停业清理过程中的法人团体，则接管人或清算人（视情况而定）可同意该辩护人和律师须遵从该规定。

（4）尽管有第（3）款（b）项的规定，但是辩护人和律师拒绝遵守该规定的，应随即以书面形式向审查官提供收到或由其或其代表人作出的该项特权通信的人的姓名和地址。

第 117 条　提供虚假或具误导性的信息、证据或文件

在助理审查官调查过程中不披露或不提供任何相关信息、证据或文件，

或提供其知道或有理由相信是虚假或误导性的任何信息、证据或文件的，均属犯罪，一经定罪，可处以不超过10万林吉特的罚金。

第118条　销毁、隐匿、切割和篡改记录

任何人：

（a）销毁、隐藏、切割或篡改；或

（b）发送或企图发送或与任何其他人共谋从其处所或从马来西亚发送出去；

任何保存或维护的商品、文件、材料、物品或物件，意图欺骗助理审查官，或阻止、延迟或妨碍助理审查官进行调查或行使本法规定的任何权力的，均属犯罪，一经定罪，可处以不超过10万林吉特的罚金。

第3章　逮捕、搜查、扣押等权力

第119条　逮捕权

（1）助理审查官可在没有令状的情况下逮捕任何其有理由认为已犯下或正企图犯下本法第99条至第102条所述犯罪的人。

（2）根据第（1）款进行逮捕的任何助理审查官应在没有不必要的延误的情况下将被逮捕的人带至最近的警察局，此后应根据届时有效的刑事诉讼相关法律处理此人。

第120条　进入处所、检查和扣押商品等权力

（1）助理审查官可在所有合理时间行使下列权力：

（a）为确定是否发生了本法规定的任何犯罪行为，其可以检查任何商品、文件、材料、物品或物件并进入任何处所，但仅用于居住的处所除外；

（b）其有合理理由相信本法规定的犯罪已经发生的，可以没收和扣留任何商品、文件、材料、物品或物件，以便通过检测或其他方式确定犯罪是否已经发生；

（c）其可查封和扣押其有理由相信可能在本法规定的犯罪的任何诉讼中被要求作为证据的任何商品、文件、材料、物品或物件；和

（d）为行使本款所赋予的权力，其可以扣押商品、文件、物料、物品或物件；但只有在为确保本法规定及根据本法发出的任何命令得到适当遵守而

有合理需要的情况下，才可要求任何有权如此行事之人打开任何容器或打开任何自动售卖机；但如果该人不遵守要求，其可自行如此行事。

（2）助理审查官在根据本条行使权力时，如扣押任何商品、文件、物料、物品或物件，应通知被扣押的人；如扣押自动售卖机的商品，应通知在该机器上注明名称及地址的所有人；没有注明名称及地址的，应通知该机器所在处所的占用人。

（3）助理审查官在根据本条行使权力时所扣押的商品、文件、物料、物品或物件，由于其性质、大小或数量，从发现的地方移走是不切实际的，其可：

以任何方式将该等商品、文件、材料、物品或物件封存于发现其的处所或容器内，任何人未经合法授权而打开、篡改或损坏该等封存或移走或企图移走该等商品、文件、材料、物品或物件的，均属犯罪。

第 121 条　治安法官可发出搜查令

（1）只要治安法官根据宣誓后的书面资料，并在其认为必要的调查后，认为有合理的理由相信有人已经或正在实施本法规定的犯罪，从而可能在任何处所中发现调查任何犯罪所必需的任何证据或物品的，可签发令状，授权令状中提及的任何助理审查官在任何时间进入该处所，无论是否有协助，并在必要时以武力搜查和没收任何此类证据或物品。

（2）根据本条进入任何处所的助理审查官可携同其认为有必要的其他人员和设备，而在离开其根据上一款发出的令状而进入的任何处所时，如该处所无人居住或占用人暂时不在，确保已有防范措施以防侵入者进入该处所，而该等措施的有效程度须如同其进入该处所时所见到的情况一样。

（3）在不影响第（1）款的一般性的原则下，治安法官签发的令状可授权搜查和扣押任何载有或被合理怀疑载有任何涉嫌已实施犯罪的信息的商品、文件、物料、物品或物件，或为调查任何犯罪而必要的信息。

（4）根据第（1）款进行搜查的助理审查官，为调查有关犯罪的目的，可搜查在该处所内或在该处所上的任何人。

（5）助理审查官根据第（4）款对他人进行搜查时，可扣押、管有和安全保管在该人身上发现的所有物品（必要的衣物除外）及任何其他有理由相信是该犯罪的工具或证据的物品。而对该等物品可予扣留，直至法院作出处置该等物品的命令为止。

（6）根据本条扣押的任何商品、文件、物料、物品或物件，因其性质、大小或数量而不能移走的，执行扣押的助理审查官应以任何方法封存发现该等商品、文件、物料、物品或物件的处所或容器。

（7）未经合法授权，破坏、篡改或损坏第（6）款所述的封条，或移走或企图移走任何盖有封条的商品、文件、材料、物品或物件的，均属犯罪，一经定罪，可处以不超过 10 万林吉特的罚金。

第 122 条　无令状搜查

助理审查官根据收到的信息信纳其有合理的理由相信，由于延迟获得第 121 条项下的搜查令，调查工作会受到不利影响，或侵权或犯罪的证据很可能被篡改、移走、损坏或销毁的，可进入该处所，并在该处所内、该处所上和针对该处所以完全和充分的方式行使第 121 条所述的一切权力，如同根据该条发出的搜查令授权其如此行事一样。

第 123 条　获取记录信息或计算机化数据等

（1）助理审查官在根据第 120 条、第 121 条和第 122 条行使其权力时，可获取任何记录信息或计算机化或数码化的数据，不论该等数据是否被储存于计算机内。

（2）此外，根据第 120 条、第 121 条和第 122 条行使其权力的助理审查官：

（a）可检查任何计算机和任何相关设备的操作或材料，如果其有合理理由怀疑该信息或数据正被使用或曾被使用；和

（b）可要求：

（ⅰ）助理审查官有合理理由怀疑针对该等信息或数据该计算机正被或曾被如此使用的人或代表其使用的人；或

（ⅱ）负责或以其他方式涉及与该信息或数据有关的计算机、仪器或材料的操作的人；

向其提供其为施行本条而需要的合理协助。

（3）助理审查官如认为有必要，可复制或摘录有关记录数据或计算机化或数码化的数据。

（4）就本条而言，获取包括获提供所需的密码、加密码、解密码、软件或硬件及任何其他所需的方法，以便能理解记录数据及计算机化或数码化的数据。

第 124 条 泄 密

（1）任何人：

（a）知道或有理由怀疑助理审查官针对正在进行或即将进行本法项下或为本法目的而实施的调查正在采取行动或拟采取行动，并向任何其他人披露可能损害该调查或拟定调查的信息或任何其他事项的；或

（b）知道或有理由怀疑有人向助理审查官披露了信息，并向任何其他人披露了可能会损害在披露后可能进行的任何调查的信息或任何其他事项的；

即属犯罪，一经定罪，可被处以不超过 10 万林吉特的罚金。

（2）第（1）款规定并不会使辩护人和律师或其雇员向下列人员披露任何信息或其他事项而构成犯罪：

（a）向其委托人或委托人的代表，针对在聘请辩护人和律师期间或为此目的而向当事人提供建议；或

（b）向在预期发生任何法律程序、针对法律程序或为法律程序的目的的人。

（3）第（2）款不适用于为达到任何非法目的而披露的任何信息或其他事项。

（4）在针对某人犯本条所定犯罪而提出的任何法律程序中，如能证明以下事项，即可以此作为免责辩护：

（a）其不知道或怀疑根据第（1）款（b）项作出的披露可能会损害调查；或

（b）其有合法权限或合理理由作出披露。

（5）助理审查官或任何其他人在实施或意图实施本法的过程中所做的任何事情，不属于本条所指的犯罪。

第 125 条 令状尽管存在瑕疵但是仍可采信

根据本法签发的搜查令，尽管该令状或该令状的申请存在任何瑕疵、错误或遗漏，但是仍属有效和可执行，且根据该令状扣押的任何商品、文件、材料、物品或物件应在根据本法进行的任何诉讼中被接受为证据。

第 126 条 扣押的物品清单

（1）除第（2）款的规定外，根据本部分扣押任何商品、文件、物料、

物品或物件的，实施扣押的助理审查官应在切实可行的范围内尽快拟备一份扣押物品清单并立即将经其签署的清单副本交付给被搜查处所的占用人或其代理人或受雇人。

（2）处所无人居住的，实施扣押的助理审查官应尽可能在处所的显眼处张贴一份扣押物品清单。

第 127 条 没收被扣押的物品等

（1）对行使本法赋予的任何权力而被扣押的所有商品、文件、物料、物品或物件均可予以没收。

（2）没收或释放在行使本法赋予的任何权力时扣押的任何商品、文件、材料、物品或物件的命令应由对其进行起诉的法院作出，且如有证明使法院信纳已发生本法项下的犯罪行为且该等商品、文件、材料、物品或物件是犯罪的客体或被用以实施犯罪的，即使没有人可能被判定犯有该犯罪，也应作出没收该等商品、文件、材料、物品或物件的命令。

（3）没有对行使本法赋予的任何权力而扣押的任何商品、文件、材料、物品或物件进行起诉的，该等商品、文件、材料、物品或物件应在扣押之日起一个日历月后被收走并视为被没收，但在该日期前以下文规定的方式对该等商品、文件、材料、物品或物件提出主张的除外。

（4）声称是该等商品、文件、物料、物品或物件的所有人且无须没收该等商品、文件、物料、物品或物件的，可亲自或由其书面授权的代理人向助理审查官发出书面通知，表明其对该等商品、文件、物料、物品或物件提出主张。

（5）助理审查官在收到通知后，应将该项主张转交审查官。审查官可指示将该等商品、文件、物料、物品或物件释放或没收，或指示助理审查官将此事转介法院裁决。

（6）获转介该事项的法院应发出传票，要求声称自己是该等商品、文件、物料、物品或物件的所有人的人及被扣押该等商品、文件、物料、物品或物件的人出庭，并于其出庭或不出庭时证明传票已妥为送达。法院随之应审查该事项，并在证明本法规定的犯罪行为已经实施且该等商品、文件、材料、物品或物件是犯罪的客体或被用于实施犯罪时，应下令没收该等物品，或在无法证明的情况下可下令释放该等物品。

（7）所有被没收或被视为没收的物品均应被交付给助理审查官，并应按照审查官的指示予以处置。

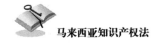

第 128 条　释放被扣押的物品

（1）根据本法扣押任何商品、文件、材料、物品或物件的，如果实施扣押的助理审查官确信该等商品、文件、材料、物品或物件不是本法规定的任何程序或任何其他成文法项下的任何起诉所需要的，可将商品、文件、材料、物品或物件释放给其认为合法拥有该等货物、文件、材料、物品或物件的人。在该情况下，如果商品、文件、材料、物品或物件的扣押和释放是善意进行的，实施扣押的助理审查官、联邦政府、审查官或任何代表联邦政府或审查官行事的人均不对任何人提起的任何诉讼负责。

（2）根据第（1）款释放任何物品的助理审查官应作出书面记录，详细说明释放的情况和理由，并应在释放后 7 日内将记录副本送交检察官。

第 129 条　易腐物品的扣押

在行使本法赋予的权力时扣押的任何货物具有易腐性质的，或者保管该等货物涉及不合理的费用和不便的，助理审查官可在任何时间出售该等货物，对出售的收益根据本条规定的任何起诉或索赔的结果予以持有。

第 130 条　不得追讨因扣押而产生的费用或损害赔偿

在任何法院就行使或本意是行使本法赋予的任何权力而扣押的任何货物、文件、材料、物品或物件而提起的任何诉讼中，任何人均无权获得此类诉讼的费用或任何损害赔偿或其他救济，除非此类扣押是在没有合理理由的情况下进行的。

第 131 条　阻　　碍

任何人如：

（a）拒绝让任何助理审查官进入根据本法或执行本法规定的任何职责或赋予的权力而有权进入的任何处所；或

（b）企图伤害、阻碍、妨碍或拖延任何助理审查官根据本法或执行本法规定的任何职责或赋予的权力而有权实施的任何进入；

即属犯罪，一经定罪，可处以不超过 10 万林吉特的罚金。

第 132 条　密探的证据可予采纳

（1）尽管有任何法律规则或本法的规定或任何其他成文法的相反规定，但是密探试图教唆或教唆任何人实施本法规定的犯罪行为，且试图教唆或教唆的唯一目的是取得不利于此人的证据的，不得仅以其试图教唆或教唆为由而推定其为不值得信任的密探。

（2）尽管有任何法律规则或本法的规定或任何其他成文法的相反规定，但是任何其后被控犯有本法规定的犯罪的人向密探作出的任何口头或书面陈述均可在审讯中获接纳为证据。

第 133 条　抽取样本

（1）在 2 个或 2 个以上描述相同的包装或容器中发现属于本法规定的犯罪客体的货物的，在证明存在相反情况之前，应推定所有包装或容器所装货物的性质、数量和质量相同。

（2）已扣押载有违反本法规定或可予扣押的货物的包裹或容器的，只需打开及检查每个被扣押的包裹或容器的 1% 或不少于 5 个样品（以较小者为准），便已足够。

（3）法院应推定包装或容器内的其余样本与被检查的样本性质相同。

第 134 条　审判犯罪的管辖权

尽管任何成文法有相反的规定，但是地方法院对本法项下任何犯罪的审判拥有管辖权并可针对任何此类犯罪处以全部惩罚。

第 135 条　提出指控

除非得到检察官的书面同意，否则不得对本法规定的犯罪提出指控。

第 136 条　有代价地不指控犯罪

（1）部长经检察官批准，可制定条例，规定：

（a）可有代价地不予指控的本法和根据本法制定的任何条例规定的任何犯罪；

（b）有代价地不指控犯罪的标准；和

（c）有代价地不指控犯罪的方法和程序。

（2）审查官经检察官书面同意后，可在提出指控前任何时间通过向有理由怀疑实施该犯罪的人提出书面提议，在书面提议中规定的时间内向审查官支付一笔不超过该人如被判定实施该犯罪而本应缴纳的最高罚金金额的50%的款项后，不指控规定可不予指控的犯罪。

（3）第（2）款所指的提议可在犯罪发生后但在就该犯罪提出起诉前的任何时间作出，且提议中指明的金额没有在提议中指明的期间内或在审查官批准的延长期间内被支付的，可在该期间后任何时间对向其发出提议的人就该犯罪提出指控。

（4）对犯罪已根据第（2）款有代价地不予指控的，不得就该犯罪针对提议有代价地不予指控的人提出指控，且审查官可在其认为合适的条款规限下没收或退回因该犯罪而扣押的货物。

（5）审查官根据本条收取的所有款项均须被存入联邦综合基金并成为该基金的一部分。

第 137 条　委托人应为受雇人或代理人的行为负责

某人的受雇人或代理人实施犯罪，或做了或没有做任何事情，如果该人做了或没有做该任何事情就会构成本法规定的犯罪的，尽管该人不知道该行为构成犯罪，但是应被视为犯罪并受到惩罚，除非其证明：

（a）所控告的作为或不作为不属于该雇员的一般受雇范围或该代理人的代理范围；或

（b）所控告的作为或不作为是在未经其同意或默许的情况下作出或不作出的，而其已尽了在考虑到案件中所有情况后本应尽的一切努力以防止该行为的发生。

第 138 条　法人团体犯罪

（1）法人团体实施本法规定犯罪的，在犯罪时是该法人团体的董事、首席执行官、首席运营官、经理、秘书或其他类似高管，或者声称以任何此类身份行事，或以任何方式或在任何程度上负责管理该法人团体的任何事务，或协助进行此类管理的人：

（a）可在同一程序中与该法人团体分别或共同被控；和

（b）如果该法人团体被认定犯有该罪，该人应被视为犯有该罪，除非在考虑到其以该身份所履行的职能的性质和所有情况后，该人证明：

（ⅰ）该犯罪是在其不知情、不同意或不默许的情况下实施的；和

（ⅱ）其已采取一切合理的预防措施并尽最大努力以防止犯罪。

（2）根据本法应就其作为、不作为、疏忽或失责行为而受到任何惩罚或处罚的，如果该作为、不作为、疏忽或失责行为是在下列情况下实施的，该人应就该其任何雇员或代理人或其代理人的雇员的作为、不作为、疏忽或失责行为受到相同的惩罚或处罚：

（a）由该人的雇员在受雇期间作出的；

（b）由代表该人行事的代理人作出的；或

（c）由该代理人的雇员在受雇于该代理人的过程中或以其他方式代表该代理人行事而作出的。

第 139 条　对审查官、副审查官和助理审查官及其他人员的保护

不得在任何法院对下列人员提起、进行或维持诉讼、指控或其他法律程序：

（a）审查官、副审查官、助理审查官或任何其他人针对为实施本法而下令或实施的任何行为；和

（b）任何其他人，针对根据审查官的命令、指示或指令作出或本意是作出的任何行为，如果该行为是真诚地作出并合理地相信该行为对于该行为拟达成的目的是必要的。

第 17 部分　法院程序、费用和证据

第 140 条　向处长送达法院申请

（1）向法院提出的与注册商标注册申请相关的每份申请（包括向上诉法院或联邦法院提出的上诉）的副本，均应由向法院提出申请的各方在规定期限内按处长确定的方式向处长提交，而无须将处长列为一方当事人。

（2）在收到根据第（1）款提出的申请后，处长可在其认为合适的情况下改变商标申请或注册的状态，但须受法院的进一步条件、指示、指令、命令或判决的约束。

（3）法院在完成根据第（1）款提交的申请后作出的任何命令或判决应按处长确定的方式送交处长存档。

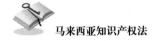

（4）处长应根据第（3）款遵从并执行法院的命令或判决。

（5）处长认为应在执行法院命令时作出公告的，可在知识产权官方公报中刊登该命令。

第141条　处长在涉及注册簿的法律程序中出庭

（1）在法院进行的包括涉及下列申请的任何法律程序中：

（a）撤销商标注册；或

（b）商标注册无效宣告；

处长有权出庭及陈词；如法院指示，应出庭。

（2）除非法院另有指示，否则处长可向法院呈交一份由其签署的书面陈述书以代替出庭和陈词。该陈述书应提供在他席前进行的涉及受争议事项的法律程序的详情，或其作出的任何影响该事项的决定的理由的详情，或其在类似案件中的执业情况的详情，或其作为处长所知悉的与该等事项有关的其他事项的详情，而该陈述书应当作为该法律程序中的证据的一部分。

第142条　法院诉讼程序的费用

在法院所有诉讼程序中，法院可酌情判给包括处长在内的任何一方其认为合理的费用，但不得命令处长支付任何其他当事方的费用。

第143条　有效证书

在对注册商标的有效性质疑并作出有利于注册所有人的裁决的任何法律程序中，法院可就此作出核证。如果法院如此作出核证，则在随后对注册的有效性质疑的任何法律程序中，注册所有人在获得对其有利的最终命令或判决后，应获得在律师和客户之间的全部费用、收费和开支，除非在随后的程序中法院证明其不应获得该等费用、收费和开支。

第144条　经处长核证的副本的证据价值

在商标局提交的任何表格或文件的副本或摘要，如经处长核证是真实的副本或摘要并由处长签字和盖章，则可在任何程序中作为证据，与原文件具有同等效力。

第 145 条 文件的密封副本可作为证据

（1）注册簿的印刷本或书面副本或摘录，如官称是经处长核证并加盖书记官长印章的，则在任何法院的任何诉讼程序中可被接受为证据而无须进一步证明或出示原件。

（2）通知书或注册证明书可在任何法院进行的任何法律程序中获接纳为证据而无须进一步证明或出示原件。

（3）在任何法院的任何法律程序中看来是由处长亲笔签发的关于其获授权作出且已作出或未作出的任何行为的证明书，即为其作出或未作出该行为的表面证据。

（4）受雇于公司的人无须为提供下列文件的目的而出庭：

（a）根据本法规定可获得的与商标申请或注册商标有关的任何文件；或

（b）根据本法规定为保密、不公开供公众查阅或提供给任何第三方的任何文件。

第 146 条 经处长核证的电子信息等可作为证据

以电子方式提交给处长或由处长签发的任何表格、资料或文件，以及表格、资料或文件的副本或摘要，是根据本法要求提交给处长的任何表格、资料或文件的真实摘要，是该表格、资料、文件、副本或摘要中规定事项的初步证据。

第 147 条 部长可宣布与商标有关的外国文件可作为证据被接受

（1）部长可通过在公报中发布命令，宣布在下列情况下，外国的任何文件或一类文件可在法院的任何程序中被接受为证据：

（a）该文件加盖了获授权官员或外国政府的印章，且该印章涉及在该外国注册或以其他方式得到该外国承认的商标，或者如没有该印章，则随附一份由授权官员签署的证书，证明该文件应是其中所载事项的证据；和

（b）该外国或其部分已就该等文件的可采性与马来西亚政府订立对等安排。

（2）在本条中：

获授权官员，指由外国政府授权的个人或机构，根据外国现行的任何有关商标的成文法备存商标的注册簿或其他记录。

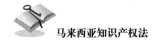

文件，指：

（a）根据外国现行的任何有关商标的成文法，在外国备存的商标摘要或其他记录的印刷本或抄录本；或

（b）与在外国注册或以其他方式被外国承认为商标的商标有关的任何事项或行为的任何其他文件。

商标，指在商品或服务上使用或意图使用的包括下列内容或下列内容的任何组合的任何标志，即任何字母、文字、名称、签名、数字、图形、品牌、标题、标签、票据、商品或其包装的形状、颜色（无论是单一颜色还是多种颜色的组合）、声音、气味、全息图、定位、移动顺序，其目的是表明或以期表明在贸易过程中商品或服务与作为所有人或被许可人有权（在外国）使用该商标的人之间的联系，无论是否表明该人的身份，其已注册或外国承认其作为商标（根据任何与商标有关的现行成文法），但不包括因该外国与其他外国之间的互惠安排而注册的另一外国的商标或由该另一外国承认的商标。

（3）为避免疑义，本条不得被解释为就根据本法注册的目的而承认任何外国的商标，而只应被解释为在法院的任何诉讼程序中可接受该外国文件作为证据。

第 18 部分　杂项和一般事项

第 148 条　知识产权官方公报

（1）处长应公布知识产权官方公报，其中应包括：

（a）根据本法要求公布的与商标有关的所有事项；和

（b）处长认为有必要的其他与商标有关的数据或事项。

（2）知识产权官方公报应在支付规定费用后供公众查阅。

（3）在知识产权官方公报上的公布应构成本法规定的任何事项的充分通知。

（4）知识产权官方公报的副本一经出示，即应在法律程序中被接受为证据而无须进一步证明该副本是如此公布的。

（5）知识产权官方公报的副本应是其中所述事实的表面证据。

（6）知识产权官方公报以一种以上形式公布的，知识产权官方公报的公布日期应被视为知识产权官方期刊以任何形式首次公布的日期。

第 149 条　电子提交

（1）处长可提供本法要求向处长提交文件的电子提交存档服务。

（2）根据本条以电子方式提交的文件，如果以处长确定的方式向处长传达或传送，则应被视为满足了提交文件的要求。

（3）须盖上印章、签署或盖章的文件如被以电子方式提交，应以处长决定的方式核证该文件为真实副本或经认证。

（4）根据本法应签署和见证的文件被以电子方式提交的，签署见证的规定不适用。

（5）文件被以电子方式提交处长的，如任何人在第（1）款所述的服务下取得的任何文件出现任何性质或无论如何产生的错误或遗漏，而该错误或遗漏是由于该服务或用于提供该服务的设备的任何缺失或故障所致，或在处长不知情的情况下发生或产生，则处长对任何人因该等错误或遗漏而蒙受的任何损失或损害不承担责任。

第 150 条　以电子方式发出文件

处长可通过电子方式发布根据本法应由处长发布的文件。

第 151 条　送达地址

（1）为了本法的目的，应以处长确定的方式向处长提供主要在马来西亚居住或开展业务的申请人、反对商标注册的任何人或参与处长任何程序的任何其他人在马来西亚的送达地址。

（2）根据第（1）款向处长提供的地址应被记入处长的记录或注册簿，并应当作为第（1）款所指的人在处长席前进行的所有程序中的送达地址。

（3）对送达地址可在以处长决定的格式通知处长后在订明的期间内更改，而该地址应被记入处长的记录或注册簿。

（4）处长在收到第（3）款的更改请求及规定费用的支付后，应根据第（1）款更改该人的送达地址。而该项更改可能影响该人的部分或全部注册或注册商标申请。

（5）如不提供第（1）款所述的送达地址，处长可拒绝处理商标的申请或注册。

（6）第（1）款所述的人不在马来西亚居住或开展业务的，应委任并授权一名注册商标代理人以规定的方式代其行事。

（7）第（1）款所述之人委任和授权注册商标代理人代其行事的，该注册商标代理人的送达地址（该地址应记入处长的记录或注册簿），就在处长处进行的所有程序而言，应被视为第（1）款所述之人的送达地址。

第152条 处长允许修订文件的权力

（1）处长可在收到符合处长确定格式的申请及支付规定费用后，按其认为公正的讼费条款，为了修订书写错误或明显错误而允许修订：

（a）商标注册申请；

（b）异议通知；

（c）反陈述；或

（d）处长认为合适的任何文件。

（2）根据第（1）款申请的修订，如会对下列事项有重大影响，则不得根据本条获准作出：

（a）修改前申请中所指明的商标特性或不以任何方式扩大现有商标注册所赋予的权利；或

（b）向商标局提交的文件的内容。

第153条 处长允许延长时间的权力

（1）如果本法规定了采取某项行动或事情的时间，除非法院另有明确规定或指示，否则处长可在以处长确定的形式提出申请并支付规定费用后，在时间到期之前或之后延长时间。

（2）除第（3）款所指的情况适用外，第（1）款不适用于第26条、第27条及第28条。

（3）凡因：

（a）该人或其注册商标代理人的错误或遗漏；

（b）该人或其注册商标代理人不能控制的情况；或

（c）商标局的错误或行为；

如某项与商标注册申请有关的作为或在根据本法进行的法律程序（不包括在法院进行的法律程序）中的作为，应在某期间内作出，而该作为尚未作出的，处长可延长作出该作为的时间。

（4）根据第（3）款作出某作为所需的时间，即使已届满，仍可延长。

第 154 条　提供证据的形式

（1）就第 105 条第（1）款而言，在处长席前进行的所有法律程序中，如无相反指示，应以法定声明的方式提供证据，但处长可在其认为合适的任何个案中以口头取证代替声明取证，或在声明取证之外再取证。

（2）任何该等法定声明在上诉的情况下，可在法庭上代替誓章证据而使用，但若如此使用，则具有誓章证据的所有附带条件及后果。

（3）在任何与商标有关的诉讼或法律程序中，处长或法院（视情况而定）应接纳有关行业惯例或提供有关服务的业务惯例的证据，以及其他人合法使用的任何有关商标或商号或企业名称或字号的证据。

第 155 条　酌情权的行使

本法赋予处长任何自由裁量权的，其不得在没有给予（如在规定时间内被妥为要求如此行事）有关商标的注册申请人或注册所有人陈词机会的情况下对该申请人或注册所有人不利地行使该权力。

第 156 条　处长将文件视为保密的权力

（1）根据条例，处长可以：

（a）要求商标局对已提交或将提交的与商标有关的文件中的特定信息予以保密；和

（b）使该要求受规定条件或限制的约束；和

（c）更改或撤销该等要求、条件或限制。

（2）就本条而言，与作出、更改或撤销任何规定、条件或限制有关的程序，应按规定的程序进行。

第 157 条　对记项作出适应化修改以适应新的分类

（1）为商标注册的目的，处长可考虑有必要对商品或服务的分类进行任何修改或替换，包括对注册簿上的现有条目进行修改，以符合规定的新分类。

（2）根据第（1）款作出的修订不得扩大有关注册所赋予的权利，但如处长觉得遵从此规定会涉及不适当的复杂性，而任何扩大不会具有实质性且不会对任何人的权利造成不利影响，则属例外。

（3）处长可：

（a）要求注册所有人在该规定期间内提交修订注册簿的方案；和

（b）取消任何经处长认定的有关商品或服务，或在其未如此行事的情况下拒绝续展商标注册。

（4）任何根据第（3）款（a）项提出的建议，应在知识产权官方公报上刊登，并可按照第 35 条提出异议。

第 158 条　处长判给的费用

（1）在处长进行的所有法律程序中，处长有权判给任何一方其认为合理的费用，包括评定费用，并指示如何支付和由哪一方支付。而任何此类命令经法院许可后，可按与法院判决或命令相同的方式执行，以达到相同的效果。

（2）在处长席前进行的任何法律程序的一方，如欲取得诉讼费或要求评定诉讼费，应以规定方式向处长提出申请。

（3）处长根据第（1）款判给的诉讼费，如未缴纳，可在有管辖权的法院将其作为该等诉讼费所针对的人向获判该等诉讼费的人所欠债项进行追讨。

第 159 条　未注册商标

（1）任何人均无权对侵犯未注册商标的行为提起任何诉讼，以防止或收回损害赔偿。

（2）尽管有第（1）款的规定，但是本法中的任何规定都不应被视为影响针对任何人将商品或服务冒充他人商品或服务的诉权，也不应影响有关商品或服务的救济。

第 160 条　处长的指引或程序指南

（1）处长可就任何事项发出指引或程序指南。

（2）处长根据本条发布的指引或程序指南应在知识产权官方公报上被公布，并应自指引或程序指南中规定的日期起生效。

（3）本法规定指明的任何人均应遵守该指引和程序指南。

（4）处长可变更、审查或撤销任何指引或程序指南。

（5）除第（4）款的规定外，第（2）款和第（3）款规定的程序应适用于对指引或程序指南的任何更改、审查或撤销。

（6）对于不遵从处长的任何指引或程序指南的任何人、申请人或注册所有人，如该等指引或程序指南适用于该人、申请人或注册所有人，则其：

（a）视为其未能符合处长所要求的规定，以致该申请被视为已被撤回、失效、被拒绝、被撤销或被处长裁定；或

（b）即属犯罪，一经定罪，可处以不超过 1 万林吉特的罚金。

第 161 条　修订附件的权力

（1）部长可通过在公报上公布命令修订附件 1 和附件 2。

（2）部长在对附件 1 或附件 2 进行修订之前，应：

（a）在知识产权官方公报公布，述明他作出修订的意向及建议的修订；

（b）自通知之日起提供最少 30 天的时间，允许协会成员、主管机构或公众人士就建议的修订提出意见；和

（c）适当考虑所提出的任何意见。

第 162 条　制定条例的权力

（1）在不违反本法规定的情况下，部长可制定条例以实施本法的规定。

（2）特别是，在不影响第（1）款的一般性的情况下，该等条例可为以下所有或任何目的作出规定：

（a）规范管理本法项下的惯常做法，包括送达文件，但与法院诉讼程序或与此有关的惯常做法除外；

（b）为商标注册的目的对商品或服务进行分类；

（c）就与商标注册有关的所有事项作出规定，包括注册商标的续展；

（d）就与注册商标的更改或自愿注销、注册的撤销或无效或注册簿的更正有关的所有事项作出规定；

（e）以部长认为合适的方式确保和规范管理商标摘录副本以及源自记录或注册簿的其他文件的公布和出售或分发；

（f）订明就本法所需的任何事项或事物所支付的费用；

（g）规范管理所有与注册商标代理人有关的事项；

（h）规范管理与注册有关的事项，在一份申请中列出多于一个类别的商品或服务；

（i）规范管理所有与分案注册申请或注册商标有关的事项；

（j）规范管理所有与合并注册申请或注册商标有关的事项；

（k）规范管理所有与证明商标及集体商标有关的事项；

（l）规范管理所有与系列商标有关的事项；

（m）一般性规范管理在任何商标局进行的与商标有关的业务操作事项，无论本法是否有具体规定，但不得与本法的任何规定相抵触；

（n）规范管理确定商标是否为驰名商标和是否满足《巴黎公约》第 6 条之二和 TRIPS 第 16 条规定的要求的事项；

（o）规范管理商标的使用，包括商标如何应用于商品或服务或针对商品或服务进行应用；

（p）规范管理与在互联网上使用商标有关的事项；

（q）就注册商标的注销的方式和效力以及就保障对该注册商标拥有权利的其他人的利益作出规定；

（r）规范管理所有与边境措施有关的事项；

（s）订明须记入记录或注册簿的项目、详情或事项；和

（t）处长作出关于开始诉讼的时间或申请延长该时间的方式的决定后，对向法院提出上诉的所有事项作出规定，但须符合法院规则的规定。

（3）在符合本法的规定下，根据 1964 年法院法组成的规则委员会可订立法院规则，规管在法院进行的或与此有关的法律程序的惯例和程序以及法律程序的费用。

第 163 条　来自处长的上诉

尽管依据与司法审查有关的任何成文法律中的任一条款，任何人对处长所做的决定不满均可请求司法审查，但是处长仍可以就下列事项向法院提起上诉：

（a）处长依据第 29 条第（8）款作出的关于商标申请的审查决定；

（b）处长依据第 33 条作出的不允许对商标注册申请书进行任何修改的决定；

（c）处长依据第 35 条第（10）款作出的关于异议程序的决定；

（d）处长依据第 42 条作出的对注册商标不允许做任何更改的决定；

（e）处长依据第 43 条作出的不允许在登记册中进行任何更正的决定；

（f）处长依据第 45 条第（4）款作出的撤销注册的决定；

（g）处长依据第 65 条针对任何影响任一注册商标事项的交易所作出的与注册事项有关的决定；

（h）处长依据第 67 条针对商标注册为财产客体的任何申请，所作出的

决定；

（i）处长依据第 97 条作出的关于商标代理人的决定；

（j）处长依据第 152 条作出的不允许修改文件的决定；和

（k）处长依据附件 1 的第 6 条和附件 2 作出的决定。

第 19 部分　废除、保留和过渡条款

第 1 章　废除和保留

第 164 条　废除和保留

（1）对 1976 年商标法现予废除。

（2）尽管根据第（1）款废除了该法，但是：

（a）根据废除法作出的任何委任应继续生效并具有效力，犹如该委任是根据本法作出的一样；

（b）根据废除法作出或发出的所有决定、指示和通知，只要该等决定、指示和通知与本法一致，就应继续有效，直至该等决定、指示和通知被撤销或变更；

（c）本法生效前，根据废除法所进行、采取或启动的任何调查、审判和诉讼程序，在本法生效时应被视同废除法未被本法废除一样处理；和

（d）废除法或本法均不影响任何人在本法生效前根据废除法所犯罪行而被检控或惩罚的责任，也不影响在该日之前就该罪行而提出的任何法律程序、判刑或采取的行动。

第 2 章　关于商标的过渡性规定

第 165 条　释　　义

（1）尽管已被废除，但是下列各条款仍应适用。

（2）在本章中，现有注册商标，指在紧接本法生效前根据废除法注册的商标、证明商标或防御性商标。

（3）就本章而言：

（a）申请是在本法生效前提出，但未得到最后裁定的，应被视为本法生效时的待决申请；和

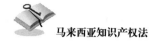

（b）提出申请之日应被视为废除法项下的提交日期。

第 166 条　现有注册商标

（1）根据废除法在注册簿中记录的任何现有注册商标，在符合本部分规定的情况下，就本法而言是注册商标。

（2）根据废除法作为认证商标在注册簿中记录的任何现有注册商标，就本法而言是注册认证商标。

（3）就本法而言，任何在根据废除法备存的注册簿中作为系列商标注册的现有注册商标应在根据本法备存的注册簿中被予以同样注册。

（4）任何表明现有注册商标与任何其他商标有关联的标志应在本法生效时停止生效。

（5）在本法生效前，根据废除法在注册簿中登录的与现有注册商标有关的条件、弃权或限制应被纳入根据本法备存的注册簿中并具有效力，如同根据本法第 36 条录入注册簿一样。

（6）本法第 37 条和第 38 条可适用于本法生效时废除法项下的现有注册商标。

第 167 条　注册针对侵权的效力

（1）本法第 48 条、第 49 条、第 50 条、第 51 条和第 54 条适用于本法生效后的现有注册商标；本法第 56 条适用于本法生效后侵犯现有注册商标的行为，但第（2）款除外。

（2）废除法第 38 条和第 51 条继续适用于本法生效前实施的侵权行为。

第 168 条　侵权商品、材料或物品

本法第 59 条适用于侵权商品、材料或物品，无论该命令的申请是在本法生效之前还是之后被提出的。

第 169 条　被许可人或获授权使用人的权利和救济

（1）本法第 70 条适用于本法生效前颁发的许可，但仅针对本法生效后实施的侵权行为。

（2）本法附件 2 第 9 条第（2）款仅适用于本法生效后实施的侵权行为。

第 170 条　注册商标的共同所有权

（1）本法第 63 条自本法生效之日起适用于在本法生效前有 2 个或 2 个以上的人作为共同所有人注册的现有注册商标。

（2）2 人或多人根据废除法第 21 条注册为共同所有人的，该商标应继续存在，犹如本法未颁布一样。

第 171 条　注册商标的转让等

（1）本法第 64 条适用于本法生效后发生的与现有注册商标有关的交易。废除法继续适用于本法生效前发生的交易。

（2）废除法第 47 条项下的现有条目应在本法生效时被转移至根据本法备存的注册簿中，其效力犹如根据本法第 65 条作出的一样。

（3）本法生效时根据废除法第 47 条提出的注册申请，如在本法生效时尚待处长处理或在本法生效前已由处长作出决定但尚未作出最终决定的，应视为根据本法第 65 条和第 67 条提出的注册申请并据此进行。

（4）就第（3）款而言，处长可要求申请人修改其申请以符合本法的要求，而第（2）款应适用于注册簿中的任何相应记项。

（5）本法生效前通过转让或传转而获得现有注册商标，但尚未注册其权益的，本法生效后的任何注册申请应根据本法第 64 条提出。

（6）就第（3）款和第（5）款而言，废除法第 47 款第（3）项应继续适用于未注册的后果。

第 172 条　注册商标的许可

（1）本法第 69 条仅适用于本法生效后颁发的许可。废除法继续适用于本法生效前颁发的许可，直至该等许可到期为止。

（2）废除法第 48 条项下的现有记项应于本法生效时被转移至根据本法备存的注册簿，其效力犹如根据本法第 65 条作出的一样。

（3）本法生效时注册使用人的注册申请正在等待处长处理或在本法生效前已由处长决定但未最终决定的注册申请，应被视为本法第 65 条或第 67 条项下的许可注册申请并据此进行。

（4）处长可要求申请人修订其申请以符合本法的规定，而第（2）款应适用于注册簿中的任何相应记项。

（5）本法生效时根据废除法第 49 条第（1）款进行的任何待决程序应根据废除法处理，并根据本法对注册簿进行任何必要的修改。

第 173 条　未决注册申请

（1）本法生效时根据废除法提出的商标注册申请未决的，应根据废除法处理，但应符合下列各条款的规定；如已注册，则就本条而言，该商标应被视为现有注册商标。

（2）本法生效后，针对注册申请，废除法第 22 条不予考虑。

（3）本法第 34 条和第 35 条应适用于本法生效时待公布的废除法项下的商标注册申请。

（4）本法第 32 条、第 33 条和第 155 条适用于在本法生效后待注册的根据废除法提出的商标注册申请。

（5）本法第 37 条或第 38 条可适用于根据被废除法提出的在本法生效时的待注册商标注册申请。

第 174 条　待决申请的转换

（1）对于在本法生效前尚未根据废除法进行审查的待审注册申请，申请人可向处长发出通知，要求根据本法规定确定商标的可注册性。

（2）通知应在本法生效之日起 2 个月内以处长确定的形式被提交并支付规定的费用。

（3）根据第（2）款提交的通知应是不可撤销的且具有申请应被视为在本法生效后提出的注册申请的效力。

第 175 条　按旧分类注册的商标

（1）处长可行使本法第 162 条规定的条例所赋予的权力，以确保任何不符合本法第 19 条规定的分类系统的现有注册商标符合该系统。

（2）第（1）款适用于按照 1997 年商标条例 ［P. U.（A）460/1997］ 附表 3 所规定的分类的现有注册商标。

第 176 条　主张公约申请优先权

（1）本法生效前已在公约国正式提出商标保护申请的，本法第 26 条、第 27 条或第 28 条应适用于本法生效后根据本法提出的注册申请。

（2）本条中的任何内容均不得影响在本法生效前根据废除法提出的注册申请的程序。

第 177 条　注册的有效期和续展

（1）本法第 39 条第（1）款应适用于根据本法生效后提出的申请进行的商标注册，而废除法应继续适用于本法生效前注册的商标。

（2）本法第 39 条第（2）款和第 40 条适用于根据废除法现有注册商标的续展在本法生效之日或之后到期的情况，而废除法应继续适用于其续展在本法生效之日或之后未到期的现有注册商标。

（3）就第（2）款而言，应适用本法规定的续展费，无论该费用是否在本法生效前已被支付。

第 178 条　变更注册商标的未决申请

根据废除法第 44 条提出的申请，在本法生效时尚未被处理的，应根据废除法处理并对本法项下的注册簿进行任何必要的修改。

第 179 条　因不使用而撤销

（1）根据废除法第 46 条提出的申请在本法生效后仍未被处理的，应根据废除法处理并对本法项下的注册簿进行任何必要的修改。

（2）根据本法第 46 条提出的申请可在本法生效后就现有注册商标提出。

（3）尽管有第（2）款的规定，但是根据废除法第 57 条注册的现有注册商标的撤销注册申请，只能在本法生效后 5 年内提出。

第 180 条　申请更正等

（1）根据废除法第 43 条或第 45 条提出的申请在本法生效时仍未被解决的，应根据废除法处理，并应对本法项下的注册簿进行任何必要的修改。

（2）就根据本法第 47 条适用于现有注册商标的程序而言，本法的规定应被视为在所有重要时间均属有效，除非对现有注册商标的有效性不存在异议，否则可根据本法第 24 条第（3）款规定的理由提出。

第 181 条　关于使用证明商标的规则

（1）根据废除法第 56 条被存放于商标中心局的现有注册证明商标的使用

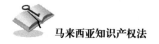

规则，在本法生效后应被视为根据本法附件 2 提交的规则。

（2）对任何在本法生效时的修改规则未决请求应按照本法处理。

第 182 条　代理人

（1）在本法生效前根据废除法申请的代理人注册应继续有效并具有根据本法第 97 条作出的效力。如已注册，该代理人应被视为本法项下的注册商标代理人。

（2）本法规定的商标代理人续展注册的要求适用于根据废除法取得的代理人注册。

第 183 条　过渡事项指南等

处长可发布指引或程序指南，规定在本法生效前有效的任何事项应被以符合本法的方式处理。

附件 1 ［第 72 条］集体商标

第 1 条　释　　义

在本附件中：

协会，指按照其组建法律正式注册，但没有按照公司相关法律组建的组织，包括据此注册的俱乐部、工会和社团。

第 2 条　构成集体商标的标志

就集体商标而言，第 3 条中关于商标将一个企业的商品或服务与其他企业的商品或服务相区分的定义，应被解释为是指将作为商标所有人的协会成员的商品或服务与其他协会成员的商品或服务相区分。

第 3 条　由地理标志组成的集体商标

（1）尽管有第 23 条第（1）款（c）项、第（4）款（a）项和第（4）款（b）项的规定，由地理标志组成的集体商标可被注册为集体商标，以指定商品或服务的地理来源，但是应符合下列理由：

（a）该商标含有多个组成部分术语中的一项单独术语，且该术语与马来西亚任何商品或服务的通用名称相同，而集体商标的注册是针对该等商品或服务；

（b）该商标含有植物品种或动物品种的名称；

（c）该等商品或服务并非源自附件1第5条第（3）款（a）项所指明的国家、地区或地方；

（d）针对该等商品或服务使用的集体商标，其性质令公众对真正产地产生误解；或

（e）如果由于该地理标志与根据2000年地理标志法注册的在先地理标志相同或相似并与该地理标志具有相同的地理来源，而存在公众混淆的可能性。

（2）第（1）款所指集体商标的注册所有人无权按照在工业或商业事项中的诚实做法禁止使用该等标志或地理来源标识，包括有权使用地理标志的人，但应由在注册簿规定的地理范围内进行活动的人使用，而该等活动应是针对注册簿规定的商品或服务按照注册簿规定的质量、声誉或特性而进行的。

第 4 条　集体商标不得在性质或意义上产生误导

（1）公众可能针对集体商标的性质或意义被误导，包括可能将其认为是集体商标以外的东西的，不得注册该集体商标。

（2）就第（1）款而言，处长可要求申请注册的集体商标含有该商标为集体商标的某种表示。

（3）尽管有第33条第（3）款的规定，但是可对申请进行修改以符合任何其他要求。

第 5 条　规管集体商标使用的规则

（1）除第17条规定的要求外，集体商标的申请人应向处长提交规范管理集体商标使用的规则。

（2）第（1）款规定的规则应指明：

（a）获授权使用该集体商标的人；

（b）协会成员的条件；

（c）集体商标的使用条件（如有）；和

（d）对滥用集体商标的任何制裁（如有）。

（3）除第（2）款外，申请集体商标由附件1中第3条第（1）款中的地理标志组成的，申请人应提交规则，指明：

（a）商品或服务的原产地国家、地区或地点；

（b）基本上可归因于其地理来源的商品或服务的质量、声誉或其他特性；

（c）地理标志在原产国、地区或地点的现有保护或登记；和

（d）地理标志在原产国家、地区或地点的使用。

（4）就第（2）款和第（3）款而言，处长可要求在规则中指明其认为适当的进一步要求。

第 6 条　规则的批准和集体商标的注册申请

（1）除非规范管理集体商标使用的规则满足下列所有条件，否则不得注册集体商标：

（a）指明附件 1 中第 5 条第（2）款、第（3）款和第（4）款中的所有要求；

（b）不违反公众利益或道德；

（c）不包含任何恶意中伤或使人反感的内容或由其组成，或在其他情况下无权受到任何法院的保护；和

（d）不包含处长认为有损或可能有损国家利益或安全的事项。

（2）申请人应在规定的期限内将附件 1 中第 5 条下的规则提交给处长，如申请人不这样做，则集体商标注册申请应被视为已撤回。

（3）处长应考虑是否符合第（1）款项下的要求。

（4）处长觉得不符合第（1）款项下要求的，应通知申请人，并给予申请人机会在处长决定的期间内作出陈述或提交修订规则。

（5）申请人在处长规定的期间内作出回应，但未能使处长信纳符合第（1）款项下要求或未能提交经修订的规则以符合该等要求的，处长可拒绝该集体商标的注册申请。

（6）申请人未在规定期间内作出回应，视为撤回该集体商标的注册申请。

（7）处长觉得符合第（1）款项下要求和第 4 部分的注册要求的，应接受申请并按照第 31 条和第 35 条行事。

（8）规则应根据第 31 条公布，除可根据任何其他理由反对该申请外，亦可就第（1）款所述事项发出反对通知。

第 7 条　查阅规则

规范管理集体证明商标使用的规则应与第 15 条规定的登记册一样公开供

公众查阅。

第 8 条　注册集体商标规则的修订

（1）除非以处长确定的格式向其提交经修订的规则并支付规定的费用，否则对注册集体商标使用规则的修订无效。

（2）处长在考虑第（1）款项下的要求后，须安排接受经修订的规则并在知识产权官方公报上公布。

（3）任何人可在修订规则根据第（2）款在知识产权官方公报公布后的规定期间内，以处长决定的格式就附件1中第6条第（1）款所指事项提交反对通知。

第 9 条　获授权使用人的侵权程序相关权利

（1）下列规定适用于注册集体商标的获授权使用人，如同适用于商标的被许可人一样：

（a）第 54 条第（4）款；

（b）第 60 条第（2）款；

（c）第 70 条；和

（d）第 87 条。

（2）在集体商标的注册所有人提起的侵权诉讼中，应考虑获授权使用人所遭受或可能遭受的任何损失，且法院可就原告代表该等使用人持有任何金钱补救的收益的程度作出其认为合适的指示。

第 10 条　对注册集体商标所赋予权利的限制

以其名义注册集体商标的协会成员无权阻止协会另一成员根据协会规则使用该集体商标。

第 11 条　撤销注册的理由

除第 45 条和第 46 条规定的撤销理由外，法院还可基于下列理由撤销集体商标的注册：

（a）所有人使用集体商标的方式已导致该集体商标以附件1中第4条第（1）款所述方式误导公众；

（b）所有人未遵守或未确保遵守规管集体商标使用的规则；或

（c）注册所有人提交的规则变更：

（ⅰ）不再符合附件1中第5条第（2）款、第（3）款及第（4）款的规定；

（ⅱ）违反公众利益或道德；

（ⅲ）包含或含有任何恶意中伤或使人反感的内容，或在其他情况下无权得到任何法院的保护；或

（ⅳ）包含处长认为损害或可能损害国家公共利益或安全的事项。

第12条 注册无效的理由

除第47条规定的无效理由外，法院还可以以集体商标的注册违反附件1中第4条第（1）款或第6条第（1）款为由，宣布该集体商标的注册无效。

附件2 ［第73条］证明商标

第1条 构成证明商标的标志

就证明商标而言，第3条中关于商标将一个企业的商品或服务与其他企业的商品或服务相区分的定义，应被解释为是指将经证明的商品或服务与未经证明的商品或服务相区分。

第2条 由地理标志组成的证明商标

（1）尽管有第23条第（1）款（c）项、第4款（a）项和（b）项的规定，由地理标志组成的证明商标可被注册为证明商标以指定商品或服务的地理来源，但是应符合下列理由：

（a）该商标含有多个组成部分术语中的一项单独术语，且该术语与马来西亚任何商品或服务的通用名称相同，而证明商标的注册是针对该等商品或服务；

（b）该商标含有植物品种或动物品种的名称；

（c）该等商品或服务并非源自附件2中第5条第（3）款（a）项所指明的国家、地区或地方；

（d）针对该等商品或服务使用的证明商标，其性质令公众对真正产地产生误解；或

（e）由于该地理标志与根据 2000 年地理标志法注册的在先地理标志相同或相似且具有相同地理来源，而使公众产生混淆可能性。

（2）第（1）款所指证明商标的注册所有人无权按照在工业或商业事项中的诚实做法禁止使用该等标志或地理来源标识，但应由在注册簿规定的地理范围内进行活动的人使用，而该等活动应是针对注册簿规定的商品或服务按照注册簿规定的质量、声誉或特性而进行的。

第 3 条　所有人的业务性质

所有人经营的业务涉及供应注册所有人认证的商品或服务的，不得注册证明商标。

第 4 条　证明商标不得在性质或意义上产生误导

（1）公众可能针对证明商标的性质或意义被误导，包括可能将其认为是证明商标以外的东西的，不得注册该证明商标。

（2）就第（1）款而言，处长可要求申请注册的证明商标含有该商标为证明商标的某种表示。

（3）尽管有第 33 条第（3）款的规定，但是可对申请进行修改以符合任何该要求。

第 5 条　规范管理证明商标使用的规则

（1）除第 17 条规定的要求外，证明商标的申请人应提交规范管理证明商标使用的规则。

（2）第（1）款规定的规则应指明：

（a）获授权使用该证明商标的人；

（b）由证明商标进行证明的特性；

（c）所有人如何测试该等特性；

（d）所有人如何监督该证明商标的使用；和

（e）所有人和获授权使用人之间的争议解决程序。

（3）除第（2）款外，申请证明商标由附件 2 中第 2 条第（1）款中的地理标志组成的，申请人应提交规则，指明：

（a）商品或服务的原产地国家、地区或地点；

（b）基本上可归因于其地理来源的商品或服务的质量、声誉或其他特性；

（c）地理标志在原产国、地区或地点的现有保护或登记；和

（d）地理标志在原产国家、地区或地点的使用。

（4）就第（2）款和第（3）款而言，处长可要求在规则中指明其认为适当的进一步要求。

第6条　规则的批准和证明商标的注册申请

（1）除非有下列情况，否则不得注册证明商标：

（a）规范管理证明商标使用的规则：

（ⅰ）指明附件2中第5条第（2）款、第（3）款和第（4）款中的所有要求；

（ⅱ）不违反公众利益或道德；

（ⅲ）不包含任何恶意中伤或使人反感的内容或由其组成，或在其他情况下无权受到任何法院的保护；和

（ⅳ）不包含处长认为有损或可能有损国家公共利益或安全的事项；和

（b）申请人有能力证明针对其注册证明商标的商品或服务。

（2）申请人应在规定期间内将第5条项下的规则提交给处长；申请人未在规定期间内提交的，被视为撤回证明商标的注册申请。

（3）处长应考虑是否符合第（1）款项下的要求。

（4）处长觉得不符合第（1）款项下要求的，应通知申请人，并给予申请人机会在处长决定的期间内作出陈述或提交修订规则。

（5）申请人在处长规定的期间内作出回应，但未能使处长信纳符合第（1）款项下要求或未能提交经修订的规则以符合该等要求的，处长可拒绝该证明商标的注册申请。

（6）申请人未在规定期间内作出回应的，被视为撤回证明商标的注册申请。

（7）处长觉得符合第（1）款项下要求和第4部分的注册要求的，应接受申请并按照第31条和第35条行事。

（8）规则应根据第31条被公布，除可根据任何其他理由反对该申请外，亦可就第（1）款所述事项发出反对通知。

第7条　查阅规则

规范管理注册证明商标使用的规则应与第15条规定的登记册一样公开供

公众查阅。

第8条　注册证明商标规则的修订

（1）除非以处长确定的格式向处长提交经修订的规则并支付规定的费用，否则对注册证明商标使用规则的修订无效。

（2）处长在考虑第（1）款项下的要求后，须安排接受经修订的规则并在知识产权官方公报上公布。

（3）任何人可在修订规则根据第（2）款在知识产权官方公报上被公布后的规定期间内，以处长决定的格式，就附件2中第6条第（1）款所指事项提交反对通知。

第9条　同意转让注册证明商标

未经处长同意，转让或以其他方式传转注册证明商标无效。

第10条　获授权使用人的侵权程序相关权利

（1）下列规定适用于注册证明商标的获授权使用人，如同适用于商标的被许可人一样。

（a）第54条第（4）款；

（b）第60条第（2）款；和

（c）第87条。

（2）在证明商标的注册所有人提起的侵权诉讼中，应考虑获授权使用人所遭受或可能遭受的任何损失，且法院可就原告代表该等使用人持有任何金钱补救的收益的程度作出其认为合适的指示。

第11条　撤销注册的理由

除第45条和第46条规定的撤销理由外，法院还可基于下列理由撤销证明商标的注册：

（a）注册所有人已开始经营第3条所指的业务；

（b）注册所有人使用证明商标的方式已导致该证明商标被以附件2中第4条第（1）款所述方式误导公众；

（c）注册所有人未遵守或未确保遵守规范管理证明商标使用的规则；或

（d）注册所有人提交的规则变更：

（ⅰ）不再符合附件 2 中第 5 条第（2）款、第（3）款及第（4）款的规定；

（ⅱ）违反公众利益或道德；

（ⅲ）包含或含有任何恶意中伤或使人反感的内容，或在其他情况下无权得到任何法院的保护；或

（ⅳ）包含处长认为损害或可能损害国家公共利益或安全的事项；

（e）注册所有人不再有能力认证该证明商标所注册的商品或服务。

第 12 条　注册无效的理由

除第 47 条规定的无效理由外，法院还可以以证明商标的注册违反附件 2 中第 3 条、第 4 条第（1）款或第 6 条第（1）款为由，宣布该证明商标的注册无效。